DER LICHTCODE

URSAAT DER SCHÖPFUNG
MIT
ARIELE & MORGENSTERN

1 Auflage Oktober 2012

Printed in Germany
SDV Medien AG

Autorin Renate Schmid

Cover und Bilder
von Christoph Schwarz
Flügel:fallnangeltears.deviantart.com

Herausgeber Thomas Schmid
Weltenlehrer Verlag
www.weltenlehrer.de

Danksagung der Autorin Renate Schmid

Ohne meine beiden Freunde Thomas und Christoph wäre dieses Buch nicht entstanden, deshalb an dieser Stelle herzlichen Dank für eure liebevolle Mitarbeit!

Inhaltsverzeichnis

Der Lichtcode
Das Fragment: Erinnerung

Einst geboren, im Schoße der Liebe. Einst gewandelt im dunklen Tal. Komme hervor, erscheine mein Kind, im lichten Gewand.

Ich grüße euch! Erlaubt mir, dass ich mich euch vorstelle. Mein Name ist „Ariele" und ich bin eines jener Wesenheiten, die von euch Menschen im allgemeinen als „Engel" bezeichnet werden. Während vieler Zeitepochen dieser Weltgeschichte habe ich bereits unter euch auf diesem wunderschönen Planeten Erde gelebt, um einer höheren Seelenaufgabe zu dienen. Ich war euch nicht immer freundlich gesinnt, aber das ist schon lange her und ich will euch jetzt mit absoluter Fairneß gegenüber treten und euch sehr wichtige Informationen, was euch alle anbetrifft, zukommen lassen. Doch meine wichtigste Aufgabe ist es, euch die direkte Botschaft des „HöchstenGöttlichen Rates" zu überbringen. Bitte seht mir nach, dass ich mich in einer Sprache ausdrücke, die so manchem von euch modernen Menschen etwas altertümlich vorkommen mag. Wenn ihr aber euer Herz öffnet und meinen Worten neutral gegenübersteht, werdet ihr verstehen können, was ich euch zu sagen habe.

Unzählige Äonen sind vergangen, die jetzt kurz davor sind beendet zu werden. Eine grandiose Zeit, aber auch eine Zeit der Abrechnung, der Hochrechnung aller Leben, aller Zeitalter. Der Ausgleich bereitet sich vor, der göttliche Stern kehrt zurück! Den Schwachen zuliebe gebe ich jetzt frei, was so lange gebunden war durch mich selbst.

Die zentrale göttliche Weseneinheit hat einst alles Wissen um die wahre Macht des Geistes in uralten Schriften verschlossen und versiegelt. Dort sollte alles gehütet werden, damit niemals mehr ein Unbefugter den Zutritt dazu erhalten konnte. Doch es ist an der Zeit, alles Wissen freizugeben, denn die Zeit der Offenbarung ist nahe. Die Hüterengel haben die Anordnung erhalten, die Siegel aufzubrechen. Das Sklaventum der Menschen und der Tiere ist darin begründet, dass ein falsches Verständnis auf dieser Erde über das Zusammenspiel von allen Beteiligten existiert. Es wurde und wird immer noch falsches Wissen absichtlich hinein gegossen in jene Kreise, die für Veröffentlichungen zuständig sind. Aber die Zündschnur brennt bereits, um alles Leben vernichten zu wollen. Aus Gnade heraus wird das wahre Wissen freigegeben, damit die Verzerrung der Wahrheit ein Ende findet.

Meine göttliche Kindheit

Einst geschehen, einst geweint, doch das Himmelszelt öffnet sich weit. Auf, auf! Höret den Ruf der Sternenkinder!

Ihr könnt euch das Universum als einen unendlichen mit pulsierendem Leben erfülltem Raum vorstellen. Alle Energie bewegt sich letztendlich in einem Kreis und bildet immer wieder neue Formen und Strukturen aus sich selbst heraus, wenn die Zeit dazu gekommen ist. Nichts geht verloren. Alle natürlichen Sonnen, Monde und Planeten wurden erschaffen von der einen universalen Schöpfungsenergie, die das gesamte Universum zusammen hält. Sie ist neutral und selbst auf den automatischen Ausgleich ausgerichtet.

Die primäre Erschaffungsenergie des Universums ist die mütterlich/weibliche, die Kosmische mitfühlende Mutterurkraft. Sie wird ergänzt durch das ordnungsschaffende und strukturierende Prinzip der männlichen/väterlichen Schöpferenergie. Beide ergänzen sich zu einem Ganzen, zur Vollkommenheit, dem Allmächtigen Schöpfergeist der Alleinheit. Auf der Erde sprechen einige Religionsformen oftmals von ihm als sei er eine Persönlichkeit und nennen ihn „Gott". Viele Menschen gebrauchen ebenfalls die Ausdrücke Gott und göttlich. Um hier keine unnötigen Verwirrungen zu schaffen, werde ich bei meinen weiteren Ausführungen diesen euch bekannten Ausdruck mit verwenden.

Inmitten des Universums existiert eine Galaxie, deren Urnamen nur den Eingeweihten bekannt ist. Sie steht in einer ganz besonderen Beziehung zur Erde, denn alles Leben kam ursprünglich von ihr. Hier habe ich „Ariele" meine göttliche Kindheit verbracht, inmitten meines Volkes, den „Uralten", den Planern in unserer Galaxie. Wir sind eine humanoide Rasse und die (viel) älteren Geschwister der Menschen. Unser Bewusstsein ist so weit entwickelt, dass ein Leben hier auf der Erde für uns dasselbe bedeutet, als würdet ihr jetzigen Menschen plötzlich in die Steinzeit zurückversetzt werden.

Wir bedienen uns eines Wissens, dass jenseits eurer jetzigen Vorstellungskraft ist.

Die „Drei-All-Einheit“ ist ein Zusammenschluss, eine Allianz der friedfertigen Völker unserer Galaxie und so ist es auch heute noch. Nur entzieht sich ihre Entwicklungsstufe eurem jetzigen Bewusstsein. Die höchste Vertretungsmacht der Allianz, unser „Höchster Göttlicher Rat“, besteht aus den weisesten Wesenheiten unserer Galaxie, die sich um das Wohlergehen aller Zugehörigen kümmern, ohne deren Willen zu beeinflussen. Es ist die hohe Entwicklungsstufe ihres Bewusstseins was sie ausmacht und nicht etwa ihr Lebensalter.

Wir alle sind jedoch vereint in der Universalen Mutter-Vater-Schöpfungsenergie, von der ich bereits sprach. Diese allmächtige universale Energie ist neutral und ihr Atem fließt in allem was da ist gleichermaßen. Auch die Menschen und die Tiere auf dieser Erde sind durch den göttlichen Funken miteinander verbunden. Doch es gibt eine dunkle und eine lichte Seite dieser universalen Schöpfungsmacht. Wer in der dunklen Seite der Macht lebt, kann die lichtvolle Seite nicht sehen, ist ihr also fern. Wer aus der lichtvollen Quelle stammt, kann in der dunklen Seite nicht leben und so ist es auch umgekehrt. So trägt diese Göttliche Energie die dunkle als auch die helle Seite in sich.

In unserer ursprünglichen sichtbaren Form können wir alles nach außen ausdrücken, was wir gerade sein wollen und sie ist nicht beständig. Unsere Einheit ist hier verankert in der universellen Liebe und der gegenseitigen Achtung. Wir sind gefühlvolle Wesen, ernähren uns von Energie, die freiwillig von Pflanzenwesen abgegeben wird und wir nehmen diese vollständig in unseren Lebenskreislauf auf. Krankheiten sind uns unbekannt und wir kommunizieren telepathisch miteinander.

Die stärkste und wichtigste Energie aber ist für uns die des Lichtes, die überall in unserem Sonnensystem fließt. Sie wird auf der Erde auf natürlichem Weg von der Sonne produziert und überbringt uns, die wir auf der Erde sind, eine wertvolle Erinnerung. Licht und Wärme bedeuten „Leben" und wir trinken die Energie des Lichtes. Die Erde wird erwärmt von den Strahlen der Sonne, damit hier Leben möglich ist. Die Nacht dient dazu, die Energie der Sonne umzuwandeln. Durch diese Ruhephase kann die gespeicherte Lebensinformation ihr gutes Werk tun. Tag und Nacht – aktiv und inaktiv. Das eine dient dem anderen und umgekehrt. Damit es aber niemals ohne jegliches Licht sein sollte, bescheint der Mond mit seinen absorbierten Sonnen-Lichtstrahlen den dunklen Bereich des Planeten in der Ruhephase der Nacht.

✦

Die Entstehung der Erde

Der Lichtcode
Das Fragment: Urvertrauen

Kommet! Die Sehnsucht klopft in meinem Herzen, ich vernehme es. Mut, Mut komme über mich, komme hervor, damit ich mir vertraue, auf dich zu hören!

Der Körper von Mutter Erde wurde einst vom Universellen Schöpfergeist der Alleinheit als lichtvoller Planet erschaffen, der in unserem Sonnensystem zu Hause ist. Als die Erde dann belebt wurde, war ich in meiner Ursprungsform bereits dabei. Dies war eine wundervolle kreative Aufgabe und meine Geschwister und ich hatten wahre Freude daran. Göttliche Ursubstanz wurde geformt und sich dann für ihre Weiterentwicklung sich selbst überlassen und da waren wir vor allem Gestalter. Ihr könnt es euch so vorstellen: Leben bedeutet Evolution, ist unauslöschlich und ist Urzustand allen Seins. Alles Leben erschafft sich nach dem Übergeben von göttlichen Lebensinformationssamen, vermischt mit den Urtönen, aus sich selbst heraus. Wenn ein junger noch nackter Planet belebt wird, haben die Gestalter riesige künstlerische Energiewesen an ihrer Seite, die dann diese Aufgabe verrichten. Von jenen intelligenten organischen Wesenheiten entstammen auch die ursprünglichen Entwicklungsideen für die euch bekannten Roboter. Sie sind jedoch im Gegensatz zu unseren Helfern künstlich und leblos. Alle von Menschen erfundenen Technologien sind geistigen Erinnerungen entsprungen oder sie wurden nach Vorbildern aus der Natur nachgebaut. Da die „Dunkle Seite“ jedoch niemals untätig ist, gab sie hier ihre Ideen ein zum Erschaffen von destruktiven Technologien, zu denen alle Waffen und alle Kriegssysteme gehören.

Der weitere Entwicklungsverlauf der Erde

Nachdem die Erde mit den Urlebensinformationsschwingungen versorgt war, durfte sich ihre Fauna völlig frei entwickeln und sich auch weiter aus sich selbst heraus gestalten. Sie sollte in erster Linie als ständiger Wohnraum jenen Lebewesen überlassen werden, die bereits darauf einheimisch waren. Darüber hinaus erhielt sie ihre ganz spezielle Funktion als ein Erholungs- bzw. Ausflugsplanet, der von allen Angehörigen der „Allianz der Friedfertigen“ besucht werden durfte. Sie war ein Paradies, das nicht dafür vorgesehen war, von außen verändert zu werden. Die Vegetation sollte zur puren Freude für die Ureinwohner und für die Gäste dienen, die von anderen Planeten kamen.

Zu diesen Ureinwohnern gehörten auch affenartige intelligente Primaten, die als die wahren Urmenschen zu bezeichnen sind. Diese haben sich aus der Ursaat heraus entwickelt, aus der alles Leben entstanden ist. Verspielte Wesen, die ihre Gefühle und Empfindungen frei lebten. Angst und Sorgen waren ihnen fremd. Auch mussten sie sich keine Gedanken um die tägliche Nahrung machen, denn es war alles vorhanden, was sie zu einem glücklichen, erfüllten Leben brauchten. Sie lebten in einer Symbiose mit allen anderen Lebens-Formen, die auf der Erde ebenfalls ihre Heimat hatten. Hier ging es um Gemeinschaftlichkeit in ihrer Urbedeutung. Es wurden hier Werte gelebt wie liebevolles und friedliches Miteinander, Sorglosigkeit und tiefes Vertrauen in das Leben selbst. Das ursprüngliche Leben auf der Erde könnt ihr euch vorstellen wie ein atmendes Gesamtwesen, das in der Lage war, in sich zu verschmelzen, um wieder neue Formen hervorzubringen. Die Erde selbst ist somit ein organisches, atmendes Lebewesen, das jetzt missbraucht wird von entarteten Wesen, die keine Liebe in sich tragen.

Die „Allianz der Friedfertigen" umfaßte verschiedene Rassen, die mit dem Lichtcode der Unsterblichkeit verbunden waren. Zu ihnen gehörte auch das Volk der „Abtrünnigen", wie sie später von uns genannt wurden. Sie waren zu diesem Zeitpunkt bereits Zwitter und haben sich, um sich zu vermehren, aus sich selbst heraus geboren. Ihr primäres Interesse galt Forschungen und Experimenten. Ein rationaler Verstand beherrschte und kontrollierte sie und sie besaßen zu jener Zeit bereits keinen Emotionalkörper mehr. Vom äußeren Erscheinungsbild her sahen sie sich alle sehr ähnlich. Hoch gewachsene humanoide Wesen, haarlos mit ausdrucksstarken Augen, die auf ihre äußere Form keinen besonderen Wert legten. Der Geist und nicht der Körper war ihnen wichtig. Wenn ihr euch die Bildnisse von Ägyptischen Königen anschaut, fällt die ganz bestimmte längliche Kopfform auf. Die „Abtrünnigen" hatten ähnliche Kopfformen und besaßen ein auffallend riesiges Gehirnareal. Oftmals werden sie als „Greys" dargestellt, was aber nicht richtig ist. (Anmerkung: Damit sind die Außerirdischen ET-Formen gemeint). Sie hatten sich im Laufe ihrer Evolution immer mehr vom typischen Ausdruck der anderen humanoiden Rassen entfernt, weil ihnen die Emotionalkörper zu schwierig und zu primitiv geworden waren. So bauten sie die Gehirnaktivitäten immer mehr aus und erlangten darin eine wahre brillante Ausdrucksform.

Viele von diesen Wesenheiten haben sich dann leider abgesondert vom Weg und Plan der „Allianz der Friedfertigen“. Sie hielten sich nicht mehr an das gültige stillschweigende Gesetz der Nichteinmischung und des Friedens und sie machten die ursprüngliche Erde auf ihre eigene Art und Weise fruchtbar. Respektlos und eigennützig drückten sie ihren persönlichen Stempel unauslöschlich in das Erscheinungsbild der Erde ein und sie benutzten ihre Rohstoffreserven, die sie für ihren eigenen Bedarf benötigten und so ergab es sich, dass manche von ihnen blieben und sesshaft wurden. Sie hielten sich nicht an die bestehenden Abmachungen und veränderten die Ursubstanz dieses Planeten. Ihnen gefiel die Gewandtheit und die Stärke der Urmenschen/Primaten und sie hatten die Idee, sie für ihre Zwecke zu benutzen und einzusetzen. Da diese Urmenschen ohne Arg gegenüber den Besuchern eingestellt waren, denn sie kannten es ja, dass ihr Planet von anderen Wesen besucht wurde, ließen sie sich bereitwillig auf das Experiment ein, dass die „Abtrünnigen“ nun mit einigen Ausgewählten von Ihnen vollziehen wollten.

Der Terra-Mensch erscheint

Die Urmenschen hatten sich fortgepflanzt, indem sie gemeinsam neues Leben erschufen, dass dann durch einen weiblichen Primaten geboren wurde. Die „Abtrünnigen“ hingegen waren geschlechtslos und besaßen keine Gefühle und sie führten eine künstliche Befruchtung durch, während sie die Urmenschenfrau in Tiefschlaf versetzten. Sie manipulierten und veränderten dadurch das natürliche Erbgut, die DNA, dieser Wesen. Sie übertrugen gezielt einen ganz bestimmten Teil ihres Bewusstseins, das hauptsächlich dazu dienen sollte, hier ein von ihnen lenkbares Wesen zu erschaffen. Sie haben somit ein Experiment durchgeführt, dass entgegen den Geboten der „Allianz der Friedfertigen“ stand. Sie erschufen neues Leben mit einer anderen Rasse und veränderten so deren natürlichen für sie vorgesehenen Entwicklungsweg. Diese veränderten Formen waren eine Kreuzung zwischen einem Erdwesen und einem Außerirdischen, die aber beide einst aus der gleichen göttlichen Ursubstanz entstanden waren, doch sie waren ihren Urgeschwistern an Intelligenz weit überlegen. Die Sklaveneinheit „Terra-Mensch“ war so ins Leben gerufen worden, deren Statuen heute immer noch im menschlichen Bewusstsein verankert sind. Dies wurde verstärkt, indem im Laufe der Zeit weitere Vermischungen untereinander stattfanden. So wurde die Ursprungsform immer weiter degeneriert und verändert.

Der universelle Lichtcode war hiermit weitergegeben worden, wenn auch nur in einer sehr schwachen, verzerrten Potenz, an Lebewesen, die bis dahin einen eigenen Kreislauf der Fortpflanzung und somit eine eigene Evolutionsform besessen hatten. Ihr ursprünglicher Entwicklungsweg, einfach abgebrochen, führte jetzt in eine andere Richtung, die von den „Uralten“ nicht für sie vorgesehen war. Da die „Abtrünnigen“ nicht das Wissen dieser Planer und Visionäre hatten, entstand hier Leben, das sich nicht aus sich heraus entwickelt hat und so war hier bereits die Saat des Todes gesät von den „Abtrünnigen“ in ihre neue Kreuzungsform. Ihre Ur-Tat war es somit, das Gesetz des Friedens zu brechen, Gewalt zu säen, fremde Lebensformen zu verändern und Ausbeutung zu betreiben.

Klarstellung: Der Lichtcode der Unsterblichkeit (bewusste Formumwandlung) wird nicht gratis mitgeliefert wird bei der Aussaat von göttlichen Lebensinformationen. Er ist die Endstufe eines ganz spezifischen geistigen Bewusstseinsprozesses, den die Völker der Friedfertigen bereits durchlaufen hatten.

Obwohl ihre neue Kreuzungsform, der Terra-Mensch, nun einen winzigen Teil von ihrem Erbgut besaß, konnte er dennoch nicht ewig leben und er trat ein in einen Kreislauf der Wiedergeburt innerhalb des Erdgürtels. Der geschaffene Körper war störungsanfällig und ist es immer noch. Im Laufe der Zeit wurden ständig neue Forschungen betrieben, mit dem Ziel, einen perfekten menschlichen Organismus zu erschaffen. Die „Abtrünnigen“ hingegen besaßen die Unsterblichkeit und konnten darüber agieren. Sie sind dann bis auf wenige Ausnahmen weiter gezogen und ließen die Terra-Menschen auf der Erde zurück. Diejenigen aber von ihnen, die blieben, beanspruchten das Land und die Macht

für sich alleine und gaben sich als Gottheiten aus, die über den Menschen standen. Sie vertrieben die Ureinwohner, sorgten dafür, dass sich ihre eingeführte neue Herren-Rasse vermehrte und darüber hinaus weiter vermischte mit den Ureinwohnern. Durch alle diese Praktiken verstießen sie erneut gegen das universale Gesetz der Rassenreinheit.
Nun ist dies aber so zu verstehen, dass dieses Gesetz ursprünglich aus tiefster Achtung und Respekt für die spezifische Art der jeweiligen Rasse heraus entstanden war. Auch hier gilt es zu erkennen, dass viele Gesetze des Universums zwar übernommen, dann aber absichtlich verfälscht weitergegeben wurden an die Menschen. Dieses könnt ihr später noch an einigen Beispielen erkennen, wenn ihr dafür offen seid.

◆

Die Abspaltung

Die Verantwortlichen aus dem Volk der „Abtrünnigen" wurden von der Gemeinschaft der Friedfertigen ausgeschlossen und weil diese friedfertig bleiben wollte, wurden weder Gewalt- noch andere Strafmaßnahmen gegen sie verhängt.

Der entscheidende Beschluss unseres Höchsten Göttlichen Rates:

Als die „Abtrünnigen" und ihre Kreuzungen die Erde für sich in Anspruch nahmen, hat der „Höchste Göttliche Rat" nach seinem Prinzip der bedingungslosen Liebe folgenden Beschluß gefaßt:

Die Terra-Menschen können nichts dafür, dass der „Abtrünnige" sie erschaffen hat. Der Urmensch kann nichts dafür, dass der „Abtrünnige" ihn einfach benutzt hat, um eine neue Form zu erschaffen. Der „Abtrünnige" alleine trägt hier die Verantwortung für seine Tat und unterliegt somit wie alles dem universellen Gesetz des Ausgleichs.

Der „Höchste Göttliche Rat" gab den Terra-Menschen die Chance, sich vom Bewusstsein her im Sinne des Lichtcodes entwickeln zu dürfen und räumte dafür einen bestimmten Zeitraum ein. Sollten sie sich als würdig erweisen, wolle er sie als uns gleichwertig betrachten und sie in unsere universelle Lichtfamilie aufnehmen. Es war ebenfalls sein Wunsch, dass sich die ursprünglichen Primaten weiter entwickeln durften und das sie nicht ausgelöscht werden konnten durch die „Abtrünnigen" und ihre erschaffene neue Rasse.

✦

Diesen Beschluß haben viele Brüder und Schwestern unseres Volkes und der „Allianz der Friedfertigen“ nicht verstanden und auch ich selbst konnte in meinem damaligen Bewusstsein mit dieser Lösung nicht konform gehen. Innerhalb unserer Gemeinschaft war somit eine Unstimmigkeit entstanden und die führte dazu, dass einige von uns, wozu auch mein Bruder „Morgenstern“ gehörte, der fälschlicherweise unter den Menschen als der Teufel, Satan und Luzifer bekannt ist, sich von der Gemeinschaft ablösten und einen eigenen Weg einschlugen. Später dann spaltete sich das Volk der „Abtrünnigen“ und es gab viele von ihnen, die bereuten was geschehen war und sie wurden dann wieder in die Gemeinschaft aufgenommen. Doch das ursprüngliche tiefe Vertrauen hatte eine dunkle Stelle bekommen.

Im Laufe der Zeit landeten immer mehr Bewohner des Weltraums, darunter auch jene, die einen persönlichen Grund hatten sich zu verstecken, hier auf der Erde. Alle vermischten sich mehr und mehr untereinander und so entstand ein Schmelztiegel der verschiedensten Rassen. Die unterschiedlichen Interessen und Meinungen zeugen auch heute noch davon. Hieraus sind auch die Sagen über Gottheiten entstanden, die sich eine irdische Frau nahmen, um dann mit ihr Halbgötter zu zeugen.

Um die anderen Urlaubsplaneten, die neben der Erde existierten, vor der Gefahr dasselbe Schicksal zu erleiden, zu schützen, wurden sie abgeriegelt für alle, die keinen direkten Einlasscode besaßen, um dort sein zu dürfen. Dies bedeutete eine gravierende Veränderung, denn bevor dieses Unrecht auf der Erde geschah, hatten alle Urlaubsplaneten jedem offen gestanden und es herrschte Frieden. Ein jeder, der davon wusste, hielt sich stillschweigend an dieses ungeschriebene Gast-Gesetz: „Wir respektieren das was hier lebt und Zuhause ist und freuen uns und sind dankbar, dass wir hier für eine kurze Zeit sein dürfen.“ Nach dieser Tat wurden allerdings universelle Hüter eingesetzt, um dafür zu sorgen, dass dieses Gesetz auf den anderen Urlaubsplaneten eingehalten wurde.

Das wahre Wesen der „Dunklen Allianz“

Der Lichtcode
Das Fragment: Tapferkeit

Öffne mir die Türe! Nein! Wer öffnet sie mir dann? Der Eintritt ist versperrt, bis zum Ende aller Tage! Öffne mir die Türe, auf das ich dich umarmen kann!

Zum besseren Verständnis: Wenn ich nachfolgend von der „Dunklen Allianz“ spreche, meine ich persönlich die Gesamtströmung jener Kräfte, deren Ursprung in der dunklen Seite der universalen Macht zu finden ist. Diese haben sich einst mit der dunklen Bruderschaft zusammengeschlossen, um entgegen der Gebote der „Allianz der Friedfertigen“ zu wirken. Zu ihnen gehören die „Grausamen“.

Wenn ich vom „Dunklen Bruder“ oder der „Dunklen Bruderschaft“ spreche, meine ich damit alle Angehörigen unserer Gemeinschaft, die ihren Lichtcode so sehr verdunkelt haben, dass sie es sich selbst aber auch allen anderen nicht gönnten, zurück gehen zu können ins Lichtreich, wo ihre Geburtsstätte war. Sie haben sich abgewandt und gingen den dunklen Pfad.

Die „Grausamen“

Diese diktatorische Macht, die sich auf der Erde etabliert hat, gehört nicht zu uns und ist auch nicht aus den Reihen der Terra-Menschen heraus entstanden. Die Reptoiden der alten Sorte kamen vor langer Zeit, um sich mit den „Abtrünnigen“ zu verbünden, nachdem diese sich die Erde untertan gemacht hatten. Doch sie waren völlig anders strukturiert als die Angehörigen der Friedfertigen Völker und wurden von ihnen geächtet wegen ihrer Grausamkeit.

Diese Wesenheiten sind in ihrer Ursprungsform reptilienartige und wahrhaft grausame Lebensformen und sie sind vor allem die mächtigsten Manipulanten in unserem Universum. Die „Grausamen“ handeln aus dem Verborgenen heraus und besitzen gewaltige geistige Macht. An erster Stelle benutzen sie die Kraft der manipulierenden Massensuggestion, um ihre angestrebten Ziele durchzusetzen. Sie besitzen hohes technologisches Wissen und sind den Terra-Menschen in jeder Hinsicht weit voraus. Sie dirigieren, manipulieren und leiten diese. Sie sind wahrhaftige Meister im Copy-Klonen. Das praktizieren sie schon sehr lange. Ja, sie fertigen durch sich selbst eine Kopie einer menschlichen Persönlichkeit an, die sie ganz gezielt nachahmen. So versuchen sie auch Lichtgestalten zu kopieren. Doch ihr könntet es am Auge des Seelenausdrucks sehen, wen ihr vor euch habt. Dieses können sie nicht nachmachen. Er ist einmalig, denn jedes einzelne Kind des Lichtes ist einmalig. So kann das Licht nicht kopiert werden. Das werden sie auch niemals schaffen. Sie gaukeln die nachgemachten Gefühle vor, sie täuschen euch absichtlich. Passt gut auf, wenn ihr sie in euer Leben hinein laßt. Sie sind der wahren Liebe fern.

Ihre Führer wohnen nicht ständig auf der Erde und ihre Abgesandten machen sich vor allem für die Genmanipulation stark. Sie stehen für Täuschung und Forschung entgegen den Geboten der bedingungslosen Liebe und des Freien Willens. Sie haben einst die Schleier der Illusion und des Vergessens über die gesamte „Dunkle Bruderschaft“ der Anfangszeiten gelegt und gaben ihnen falsche Werte ein. Dazu gehörte auch ein männlicher Gott, mit dominanten Attributen wie Rachsucht, Eifersucht und Zorn. Da unsere Geschwister vergessen hatten, wo sie wirklich herkamen, nahmen sie diese Werte bereitwillig an. Sie ließen zu, dass das Tor zum göttlichen Bewusstsein verschlossen wurde.
Doch es waren die „Abtrünnigen“ und ihre Verbündeten, die sie hier auf diese Erde eingeladen haben. Sie waren es, die ihnen den Zutritt verschafften, weil sie glaubten die göttliche Liebe habe sie für immer verlassen. So nahmen sie deren vermeintliches Bündnis an. Ja, sie gingen mit ihnen viele Bündnisse ein, bis zum heutigen Tage.

Die Engel

Haltet euch nicht an den bildlichen Vorstellungen eines „Engels“, die hier auf der Erde existieren, fest. Stellt keine Vergleiche an, denn diese Welt in der ihr lebt, ist eine Welt der Illusion. Sie wurde absichtlich auf euch alle gelegt, damit ihr nicht erkennen sollt, welche Möglichkeiten zur Entwicklung in euch ruhen. Doch ihr sollt wissen, dass ihr alle, die ihr auf der Erde wirkt, keinesfalls alleine seid.

Ich möchte hier vor allem an jene Lichtgeschwister erinnern, die freiwillig kamen und die wussten, dass sie auf sich selbst gestellt waren in dieser Ebene. Doch sie erinnerten sich an die Werte der Friedfertigen und versuchten diese hier zu etablieren. Ihrem mutigen Einsatz ist es zu verdanken, dass immer mehr von euch Erden-Menschen geistig erwachen und euer Lichtcodeanteil sich anfängt zu säubern und der Schmutz abfällt, damit er in seiner vollen Pracht erstrahlen kann. Einige von ihnen haben die Menschen so sehr geliebt, dass sie sich selbst verkörperten. Sie wollten in ihrem menschlichen Bewusstsein erfahren, wie es ist Freude und Leid hautnah zu erleben. Sie haben Fehler begangen, wider die Liebe gelebt, sich selbst und ihre Mitmenschen verurteilt. Indem sie aber den menschlichen Schwächen erlegen waren, konnten sie Verständnis erlangen für die Erden-Menschen und nur über die Vergebung ist es möglich, zurückkehren zu können in den Zustand der bedingungslosen Liebe. Sie verdienen eure Hochachtung, denn so mancher von ihnen wurde selbst zu einem „Gefallenen Engel“, weil er vergessen hatte, wer er wirklich war.

Die Engel werden leider immer noch von vielen nichtwissenden Menschen einfach in „Gut und Böse“ unterteilt. Zu den Bösen zählen sie die „Gefallenen Engel“. Sie existieren wirklich! Der Volksmund spricht über sie: „Sie lehnten sich gegen Gott auf und somit kamen sie zu Fall oder auch durch Hochmut kamen sie zu Fall.“ Ihr Ansehen wurde und wird immer noch absichtlich verleugnet und ihnen werden von bestimmten Stellen, über die ich noch reden werde, nahezu alle bösen Taten auf dieser Erde angelastet.

Ich hatte bereits darüber gesprochen, dass nach dem Beschluß unseres „Höchsten Göttlichen Rates“, die Terra-Menschen anzuerkennen, sich einige aus unserer Gemeinschaft lösten und eigene Wege gingen. Die „Dunkle Bruderschaft“ verachtete die Terra-Menschen und nahm dafür in Kauf der Heimat fern bleiben zu müssen. So sind sie selbst blind geworden und haben sich schließlich mit den „Grausamen“ zusammen getan, um die Ungeliebten zu vernichten.

Zu ihnen gehören auch Teile der „Illuminaten“, die verblendet eine Weltherrschaft anstreben, obwohl sie hiermit gegen das göttliche Gebot des Freien Willens verstoßen. Es existiert in einigen Kreisen die Vermutung, dass sich hinter ihnen grundsätzlich die „Gefallenen Engel“ verbergen und diese den Menschen immer noch feindlich gegenüberstehen würden. Hier handelt es sich um den typischen Fall einer Verallgemeinerung und somit Verurteilung von bestimmten Gruppierungen. Die Wahrheit ist, ja, ein Teil von diesen „Erleuchteten“ wie sie sich gern selbst nennen, gehören zu dieser Gruppierung. Doch es sind auch einige unter ihnen, die sich aus einer anderen Spezies heraus entwickelt haben. Und so verhält es sich auch mit ihren wahren Motivationshintergründen, die hinter ihren äußerlichen Handlungen stehen.

Da ich einst selbst zu den „Gefallenen Engeln" hinabgegangen bin und somit genau weiß, von was ich hier rede, kann ich über ihre Existenz und ihre Handlungsweise Zeugnis ablegen. Die wahre Geschichte ist, dass viele von ihnen schon längst wieder in die Arme unserer Licht-Familie zurückgekehrt sind, um sich neuen Aufgaben widmen zu können.
So habe auch ich selbst es erlebt. ***Unsere Familie freut sich über jeden einzelnen von uns, der nach Hause kommt. Das sollten wir einfach wissen!*** Ich erinnere mich daran, als ich mit meinen gefallenen Geschwistern auf der Erde wandelte, fühlte ich mich verloren und unendlich traurig, weil ich der wahren Liebe fern war. Als mich dann der Ruf erreichte, der mich aufforderte zurückzukehren, bin ich diesem mit großer Freude gefolgt. Erst danach habe ich mich dazu entschlossen, es anderen Geschwistern gleich zu tun, indem ich mich als freier Geist ebenso freiwillig dazu entschieden hatte, in Symbiose mit einem menschlichen Bewusstsein zu leben.

Ich habe diesen menschlichen Teil stets geachtet und somit auch seine Grenzen. Im Geist war ich grenzenlos, aber hier habe ich die verfestigte Form des Materiekörpers erfahren und das war oftmals nicht einfach für mich, denn es erschien mir alles viel zu langsam. Eine gewisse Ungeduld mit allen Lebensabläufen machte sich bemerkbar, aber das ist nicht im göttlichen Sinne. Hingegen ist die Geduld eine wahrhaftig göttliche Tugend. Aber wie gesagt, ich war hier in der menschlichen Form alles andere als vollkommen. Und das ist gut so. Denn dann hätte ich das Leben hier niemals so erfahren können wie es für einen Erdenmenschen abläuft.

Ich erinnere mich noch sehr genau an meine erste Begegnung mit meiner geliebten menschlichen Persönlichkeit. Ich habe ihr Schicksal vorausgesehen und als sie dann ihren ersten Atemzug machte, kam ich zu ihr und habe mich mit ihrem Bewusstsein verschmolzen, nachdem sie in Beachtung ihres freien Willens sich dazu bereit erklärt hatte. Für mich war das mit gewissen Risiken verbunden, denn ich vergaß ab diesem Moment wer ich wirklich war. Doch das war mir vorab bereits bewusst gewesen. Ich konnte mit ihr zusammen mitten unter den Menschen leben und habe mit der Zeit gefühlt wie sie. Ich habe sie beseelt, habe meine Liebe und meinen voll entwickelten Lichtcode mit ihr ganz gezielt geteilt.

Die erste Trennung geschah durch den körperlichen Tod meiner Freundin. Wir mussten uns trennen, weil sie noch im irdischen Bewusstsein verankert war. In diesem Moment erfuhr ich mich selbst als Persönlichkeit und ich erkannte, dass ich nicht nur eine Persönlichkeit war, wie ich zuvor angenommen hatte. Ich habe während meines irdischen Aufenthaltes nicht gewusst, welche Identität ich selbst war. Ebenso wenig war es aber auch meinem Menschen bewusst. Ich erkannte meine Grenzen und musste geschehen lassen und ich durfte auch nicht eingreifen, wenn sie auf einem für sie falschen Weg war. Diesen Evolutionsweg hatte ich bereits vor Äonen der Zeiten durchschritten, auf dem sie sich jetzt befand. Und ich wusste, dass es einen Plan des göttlichen Bewusstseins gab, in dem es um den Lichtcode und um den Entwicklungsweg dieses speziellen Menschen sowie anderer menschlichen Persönlichkeiten ging. Wenn ich zurück ging in den Raum unseres Bewusstseins, verblieb sie auf einer Lehrstätte in einem höheren Gürtel der Erde. Doch wir fanden uns immer wieder und so waren wir in vielen Zeiten dieser Erdgeschichte als Team unterwegs. Doch jetzt ist eine besondere Zeit angebrochen, die der Liebe und der Versöhnung dient und hierzu gehört für mich, dass ich mein Wissen mit allen teilen will, die dafür offen sind.

✦

Der Dialog

So sandte ich ihr einen Traum, der wie folgt von ihr, meinem Menschen, wahrgenommen wurde:

„Es war einer jener seltenen Träume, deren Inhalt mich erwachen ließ und ich erinnerte mich auch noch am Morgen genau daran. Atlantis! Ja, ich war dort! Wo auch immer dieser Ort sich geographisch befunden hat. Kein Märchen, Atlantis hat es wirklich gegeben. Ich konnte diese Wahrheit in allen meinen Ebenen fühlen und ich erinnere mich an das Ende dieser Ära. Der Hochmut des Geistes war so mächtig geworden, dass er den Willen, der mit dem göttlichen Bewusstsein verschmolzen war, nicht beachtet und immer mehr ignoriert hat. All die Bedürfnisse des natürlichen Lebens, was die Menschen, die Tiere und Mutter Erde selbst verband, wurden missachtet und blieben unerfüllt. Die Atlanter glaubten, sie selbst seien Gott und nur sie hätten das Sagen über alles Leben. So bedienten sie sich einer mächtigen Technik und Technologie, die immer stärker in den Vordergrund trat. So war es zu einem Ungleichgewicht gekommen, dass sich selbst nicht mehr regulieren konnte. Ein Gesetz des Universums, das auf Ursache

und Wirkung beruht, kam dann zum Einsatz und es hat sich selbst ausgelöscht, was sich durch die Arroganz des Geistes/Egos/Verstandes aufgebaut hat."
Warum hatte ich diesen Traum? Ich wusste auf einmal, dass wir uns heute in einer ähnlichen Situation befinden. Atlantis ist auch jetzt!

Als sie erwachte, konnte sie meine höhere Seeleninstanz erkennen und ich ließ sie wissen: *„Geliebte Freundin, wir gehören zusammen. Erinnerst du dich nicht? Wir haben schon so viele gemeinsame Abenteuer auf dieser Erde erlebt?*

Ich konnte ihre Reaktion, wie folgt, vernehmen:

„O ja, ich beginne etwas zu ahnen. Das ist doch ein paar Mal, ach was sage ich da, nahezu immer irgendwie schief gelaufen. Mein Abgang war oftmals sehr dramatisch! Ich wurde ertränkt in einem Fluss, ich wurde gevierteilt, man hat mir das Herz herausgerissen und ich wurde verjagt und verfolgt, weil ich eine Frau war! Ich habe immer wieder Menschen, die ich sehr liebte, auf eine für mich grausame Art und Weise verloren. Was kommt jetzt? Zu dramatischen Geschichten habe ich absolut keine Lust mehr. Ich, der menschliche Teil von uns beiden, hat das erlebt und was ist mit dir? Du hast dich davongemacht, bist entschwebt in die höheren Regionen des Geistes. Ich fühle trotzdem eine starke Liebe für dich und ich bin sehr gern mit dir zusammen. Aber schau doch unsere heutige Welt an, sieht nicht gerade gut aus. Mit was wollen wir denn jetzt vorpreschen, welchen Auftritt von uns beiden hast du dir denn ausgedacht?

Und warum brauchst du mich denn dazu? Aha! Ich weiß! Geht in Ordnung! Ich liebe dich!"

Ich, Ariele, ließ sie wissen:

„Geliebte Freundin, durch dich habe ich erfahren dürfen, dass es noch Hoffnung für die Menschheit gibt. Der Lichtcode konnte sich auch in den Reihen der Terra-Menschen weiterentwickeln. Hab keine Angst, ich bin mit dir, ich bin bei dir, ich liebe dich so wie du bist und ich führe dich fort, wenn du mir vertraust, aus diesem unseligen Kreislauf von Geburt und Tod. Sei einfach eins mit mir, so wie ich eins mit dir bin und wir werden als eine Einheit uns zu den Reichen des Lichtes bewegen. Wenn wir dort sind, bist du eine eigenständige Seelenpersönlichkeit geworden und du kannst dann von dort aus weitere Abenteuer eingehen, so wie auch ich dann, als deine Hüterin und wahre Freundin mich neuen Aufgaben widmen kann."

✦

Dialog Ende

Ariele:

So kann ich euch allen sagen: „Liebe ist euch die Wahrheit zu sagen, Versöhnung ist, euch diese nicht mehr vorzuenthalten. So will ich hier mein Wissen mit euch teilen. Ihr sollt erfahren, was bestimmten Kreisen unter euch schon längst bekannt ist. Jenen, die es nicht schert, was aus euch wird. Klar und deutlich will ich hier sprechen!"
Jetzt bin ich hier, um vor allem der Aufklärung zu dienen und somit das Licht der Erkenntnis und das göttliche Versöhnungsangebot zu überbringen. Dazu gehört auch, euch die wahre Geschichte über meine Geschwister und das Zusammenspiel von meinen geliebten Brüdern „Morgenstern" und „Jesus Christus" zu erzählen.

Seit langer Zeit gehöre ich zu den göttlichen Informationsträgern und trage die Information „des ewigen Lebens" in mir. Wir sind viele Informationsspeicher, denn das universelle Wissen wird niemals nur in einem von uns gespeichert. Das wäre viel zu riskant! Sollte es passieren, dass ein Fragment verloren geht, ist das nicht weiter schlimm, denn es gibt dafür Doubles oder auch Doppelspeicher. Genauso könnt ihr die versiegelten Botschaften sehen. Erst wenn das letzte Siegel einer Gesamt-Botschaft aufgebrochen ist, wird dadurch der Haupt- bzw. Aktivierungscode freigesetzt, der dann schlussendlich die beabsichtigte Handlung in Gang setzen wird.
Deshalb sage ich deutlich, seid offen für alles, aber nehmt nicht alles, was euch zugetragen wird, sofort als die absolute Wahrheit an. Benutzt eure Intuition, bringt sie wieder zum Leben.

Befreit euch von jeglicher vorgefertigten Meinung. Versucht einfach mal davon wegzugehen, vom Glauben an Himmel und Hölle, oder vom Glauben, nach dem Tod käme nichts mehr. Könnt ihr euch vielleicht vorstellen, dass es jenseits eurer sichtbaren Welt andere Welten gibt? Und das jene Welten die Geburtsstätte eures wirklichen Seelenselbst sein könnten?

Jedem, der meine Worte hier liest, will ich folgendes nahe legen: „Wer sagt Dir, dass nicht auch Du dich gemeldet hast, um hier zu sein, weil auch Du ein Informationsspeicher mit einem ganz eigenen Fragment bist. Wäre es da nicht schade, wenn gerade Du dich davor drücken würdest, es weiterzugeben? Und wenn auch noch dadurch etwas sehr wertvolles, einmaliges verloren gehen könnte?

Denkt daran: Es ist euer Gewissen, was euch auszeichnet. Lasst jetzt die Zeit still stehen. Erinnert euch in diesem Augenblick eures Lebens daran, dass ihr eine unsterbliche Seelenpersönlichkeit seid, mit dem Bestreben, den wahren Willen auf dieser Erde zu befreien."

Religion und Glaube

Der Lichtcode
Das Fragment: Vergebung

Bitterlich weinend, der Verlauf, Tränen flossen unentwegt, bis in die Tiefen der dunkelsten Schluchten, geboren daraus ein goldenes Schaf, mit Krallen und Zähnen verkleidet.

Unsere „Kosmische Urmutter" hat ihren hohen Stellenwert, den sie in vergangenen Epochen der Weltgeschichte genossen hatte, leider zwischenzeitlich weitgehend verloren. In überwiegenden Teilen der heutigen materialistischen Welt sind an ihre Stelle falsche Götzen, wie ein übertriebener Körperkult, Schönheits- und Jugendwahn und Sexualität ohne den Bestand von wahrer Liebe getreten. Ganz zu schweigen von der oft unersättlichen Gier nach Besitz, nach immer mehr Erfolg und Geld. Ihr befindet euch in einer Misere, die ihresgleichen sucht, weil ihr euch von der mitfühlenden Urmutterenergie, deren Ziel es immer schon war und ist, die Geschlechter miteinander in selbstloser Liebe zu verbinden, abgewandt habt. Als sie beschmutzt und immer mehr vergessen und an ihre Stelle ein kriegerischer männlicher Gott gesetzt wurde, hat die Grausamkeit ihren Anfang genommen.

Als die „Dunkle Allianz" damit begonnen hat, „Gott" als eine vorwiegend männlich dargestellte Figur, eine alleinige herrschende Gottheit nach außen, in die menschliche Gesellschaft zu integrieren, war auch damit verbunden, eine bestimmte Kraft für sich alleine zu beanspruchen, nämlich die alleinige göttliche Macht zu erschaffen. Diese Macht wurde dann benutzt, um das selbe System der Alleinherrschaft auf dieser Erde zu verbreiten. Doch es gibt keine alleinige männliche Figur „Gottes". Dieses ist rein vorsorglich erschaffen worden von jenen, die es nicht wollten, dass der Mensch sich an seine wahre Macht erinnern würde, die er durch seinen Anteil des wahrhaftig göttlichen Codes, des Lichtcodes, erhalten hatte. Allerdings war dieser nicht dazu bestimmt, alleine zu wirken. Deshalb war das Experiment für mich von Anfang an fraglich, aber es steht mir nicht zu darüber zu richten. Richten ist auch ein menschlich erfundenes Wort. Es gibt aber das Ausgleichsrecht, das für sich allein wirkt über das universale Ursache- und Wirkungsprinzip.

Alle Menschen, die von sich sagen, sie seien die Stellvertreter der göttlichen Macht auf Erden unterliegen dem Irrtum der Lüge. Denn der Gott, von dem sie sprechen, ist nicht gleichzusetzen mit dem Allmächtigen Schöpfergeist der All-Einheit, obwohl sie ihn als solchen bezeichnen. Es gibt immer jemand, der behauptet, er oder sie seien auserwählt, über die anderen zu herrschen. Der Ursprung vom Denken solcher Menschen ist ein dogmatischer Glaube, der nichts was ihm widerspricht, neben sich gelten lassen will. Wenn ihr euch heute alle Religionsformen neutral betrachtet, werdet ihr feststellen, dass deren Oberhäupter nahezu alle männlichen Geschlechts sind. Und die Mehrzahl der geistigen, männlichen Führer auf Erden laufen in weiblichen Kleidungsstücken herum. Sie haben das weibliche Prinzip des Allmächtigen Schöpfungsgeistes der All-Einheit entmachtet. Die Erde ist aber ein weiblicher Organismus und deshalb sollte nicht „die kriegerische männliche Energie" die Erde regieren, sondern „die mitfühlende, weibliche Energie", mit ihren Attributen der Liebe, der Sanftmut und der Güte. Hiermit trenne ich aber auf keinen Fall zwischen Mann und Frau, sondern ich spreche von den weiblichen und männlichen Prinzipien. Es bedarf hier auf der Erde der Gnade, der Fürsorge und der Zärtlichkeit einer liebenden Mutter, um ein Überleben möglich zu machen. Das Mitgefühl, das sie auszeichnet, ist dabei auf der Strecke zu bleiben, obwohl es genau das Gut ist, das in der heutigen Zeit am meisten gebraucht wird. Es ist dabei immer mehr zu vergehen und die Härte hat schon längst ihren Siegeszug angetreten. Viel zu viele von den Menschen denken nur an sich selbst. Göttliche Gaben wie die selbstlose Liebe drohen zu zerbersten auf dieser Ebene des Schreckens. Keime der Kälte sind es, die überall auf der Welt ihre Opfer suchen. Es ist jetzt an der Zeit, dass ihr wahrer Wert wieder aufersteht.

Was die Religionsformen insgesamt auf dieser Erde anbetrifft, befinden sie sich in keiner Einheit und sie sind nicht Eins. Doch der wahrhaftige Göttliche Geist der Liebe, der mit allen seinen Wesen gleichermaßen verbunden ist, ist in sich selbst frei, wie es alle sein sollten. Frei sein kann aber nur ein wahrhaftig freier Geist, der sich nicht in eine festbleibende fremde Form zwängen lässt, die ihm von außen aufgestülpt wird.

Hier ist eine Ebene des ewigen Todes und es bringt oder verändert auch nichts daran, wenn so manche Religion euch weismachen will, dass nach eurem körperlichen

Tod dann automatisch das bessere Leben bzw. das ewige Leben auf euch warten würde, wenn ihr getreu und folgsam nach ihren Kriterien gelebt habt, oder dass ihr in die Hölle kommen würdet, wenn ihr entgegen ihren Geboten und Gesetzen gelebt habt. Das ist ein folgenschwerer Irrtum, denn darum geht es wirklich nicht. Ein Aufstieg kann nur in euch selbst erfolgen, nämlich auf dem Pfad des Aufstiegs eures eigenen Bewusstseins zum Universalen Geist der Alleinheit, wiederum oftmals einfach „Gott" genannt. Es geht um die Wiederauferstehung des universellen Geistes in eurer jetzigen Verkörperung. Deshalb sagte einst Jesus: „Wer leben will, folge mir über meine Lehre nach."

Ebensowenig wie meine Lichtgeschwister, die dafür sorgten, dass Gerechtigkeit und Liebe gelehrt wurden, auch dort wo die finstersten Ballungsgebiete der Lüge sind, nämlich hier auf diesem Planeten Erde, lies auch Jesus sich niemals zu seinen Lebzeiten anbeten, als er noch selbst in der menschlichen Form auf dieser Erde wandelte. Der Name „Jesus von Nazareth", dem die Menschen unserem lieben Bruder gaben, der sich immer um das Wohl seiner Schwestern und Brüder im Fleisch gekümmert hat, wurde absichtlich von der „Dunklen Allianz" mitbenutzt, um ihre eigene Macht hier auf Erden zu festigen. Eine Lobby von einflussreichen Personen sorgt auch heute noch dafür, dass sich die Menschheit hierdurch beeinflussen und beherrschen lässt. Und nicht nur das, sondern sein Bildnis wurde ebenfalls benutzt, um über den Glauben an ihn die Gläubigen zu beherrschen.
Schaut euch hierzu einmal die Zeitepoche des Mittelalters näher an. Die Pest war ein äußeres Zeichen dafür, wie verrottet und dunkel das Gedankengut der Menschen in jener Zeit war. Hier

grassierte der falsche christliche Glaube, der absolut nichts mit der Wahrheit des liebenden Geistes zu tun hatte. Abgrundtief böse lauerte die Saat der dunklen Fürsten, um aufzugehen in der Welt der Menschen. Viele Fürsten dieser Erde sind in die bodenlose Dunkelheit ihrer Gefühle abgestürzt. So sind sie dem Lichte fern. Die bittere Konsequenz daraus ist es, dass sie nicht wissen, was sie tun. So sagte Jesus: „Vater, vergib ihnen, denn sie wissen nicht, was sie tun." Er wusste darum Bescheid und hat es ausgesprochen.

In dieser Zeit wurde von diesen Verirrten ganz offen das Instrument der gewaltsamen Missionierung eines in ihren Augen falschen Glaubens benutzt und es wurde sich keine Mühe gegeben, es zu verstecken. Die Angst vor Bestrafung war vorher lange geschürt worden und somit war der Ort der Hölle manifestiert in der Seele der Menschen. Auch hierfür wurde mein Bruder „Morgenstern" bereits missbraucht. Ein Wesen das Angst hat, wird meist alles tun, um sich zu wehren auf seine eigene Art und Weise. So hat es sich gedacht, das einfache Volkswesen: „Wenn es andere trifft und die für mich geopfert werden, so bin ich selbst nicht dran." Aber genau diese Einstellung ist es, was von der gemeinschaftlichen Fürsorge sich entfernt, um zum Eigennutz zu werden. Dieser aber ist kein Gut des Wahren liebenden Geistes, der über die Menschheit wacht und wenn sich diese durch ihr Verhalten von ihm entfernt, kann er sie nicht mehr greifen. Das würde der freien Willenentscheidung, das die Völker der Friedfertigen ausmacht, entgegentreten und kann deshalb nicht geschehen. Alles was in der Materie sich zeigt, hat sich zuvor in der feinstofflichen Welt, der Umhüllung der materiellen Welt, gebildet. Gedanklicher Dreck und Unrat hat sich manifestiert, doch es wurde gesagt, dass die Ratten die Plage übertragen hätten.

Das Prinzip des Sündenbocks ist hinlänglich bekannt. In diesem Fall wurden die Ratten dafür benutzt. In der Geschichte der Menschheit wurden schon immer Sündenböcke gesucht, die stellvertretend für die wahren Verursacher an den Pranger gestellt wurden und das Volk hat es bereitwillig als Wahrheit angenommen. Das ist tiefster Aberglaube, geschürt von den wahren Drahtziehern der dunklen Macht, um die Menschheit absichtlich in einem Tiefstand der geistigen Entwicklung zu belassen. In jenen Zeiten als die Pest grassierte, war das Volk ausgeblutet durch lange Kriegszeiten. Die Männer und auch Knaben wurden einfach in die Schlachten, die von fanatischen Glaubensvertretern verschiedener Lager angezettelt wurden, als Futter hineingeworfen, um ihre Machtgelüste auszuleben. Da wurde die Uneinigkeit zwischen den Menschen benutzt, die sie hat machtlos werden lassen. Anstelle geschlossen zu sagen „Euer Krieg interessiert uns nicht“, ließen sie sich wieder einmal benutzen für fremde Zwecke.

Das ist die Geschichte der Menschheit. Sie wurden einst als Sklaven erschaffen und haben es bis heute nicht geschafft, sich davon zu befreien, bis auf einige Wenige, die sich vom Bewusstsein her weiter entwickelt haben. Und diese werden meist angefeindet von der beeinflußten Masse und als Feinde abgetan. Ja, sie sind wahrhaftig Feinde, aber nicht ihrer Mitmenschen, sondern Gegner der vorsätzlichen Täuschungsmanöver der wahren Drahtzieher, die selbst nicht in den sichtbaren Vordergrund der weltlichen Kulisse treten. Sie lassen sich wiederum von ihren Handlangern vertreten, die auf vielen Lebensgebieten nach außen in Aktion treten. Leider wissen oftmals noch nicht einmal diese, das sie zu Gegenspieler ihrer Geschwister geworden sind. Nun ist es aber so, das es sich in der heutigen Zeit immer noch so verhält. Seuchen breiten sich aus und raffen Menschenleben dahin. Diese sind zuvor entstanden in den bösen Gedanken genau jener, die damals schon die Menschheit verdummten und versklavten. Ja, ihr habt richtig gehört, es sind dieselben und auch ihr spielt dieses Spiel schon so lange mit.

Eines der größten Übel ist die Dummheit der menschlichen Geistigkeit, sich zu vergleichen mit dem Geist Gottes. Damit meine ich das menschliche Ego bzw. den Intellekt. Solange der das alleinige Sagen hat, losgelöst von der Intuition, seid ihr weit entfernt von dem wahren Einssein. Viele Spiele spielt er, um von der wahren Seelengröße abzulenken, die so oft unerkannt im Inneren schlummert.

Hinterhältige Angriffe auf die Würde des Lebens sollen verhindern, dass bewusst wird, dass es von Seiten unserer wahren Gottheit keine Trennung zwischen Mensch und Tier gibt. Wenn der Mensch sich erhöht über das Tier, erhöht er sich über den Mitmenschen und somit auch über sich selbst. Der Mensch trägt das kindliche unschuldige Tier in sich, das ebenfalls lebt und es steht in einem Buch der Erde beschrieben, Gott habe den Menschen, den männlichen Teil, von einem Klumpen Erde gemacht, dem er seinen Atem einblies, und die Frau wurde dann von einer Rippe des Mannes erschaffen. Was sagt euch das? Der Mann ist von Gott selbst erschaffen, aber die Frau nicht von Gott, sondern vom Menschen? Weit gefehlt, denn genau hier an dieser Stelle wird die Heiligkeit der weiblichen Seite unseres Allmächtigen Schöpfergeistes mit Dreck beworfen und verdunkelt. Die Bücher die solches behaupten sind Fahrpläne der „Dunklen Allianz", die sie befolgen, um vollenden zu können ihr eigenes Werk. Der Terra-Mensch ist in ihren Augen ein Bastard und sie beanspruchen den Licht-Code für sich alleine. Dies widerspricht aber dem Beschluß unseres Höchsten Göttlichen Rates, der besagt: „Auch diese Wesen gehören zu uns, wenn sie sich als würdig erweisen." Nun ist es aber so, dass die „Dunkle Allianz" alles dafür tun wird, dass die Menschen sich als unwürdig erweisen werden. Sie sorgt dafür, dass sie möglichst nicht erwachsen werden und manipuliert sie ständig durch äußere Zuspielungen von gezielten falschen Informationen in allen Lebensbereichen und sät Zwietracht zwischen ihre Reihen. Diese „Dunkle Allianz" hat das wahre Wissen um „Gott" verborgen vor den Augen und den Ohren der Menschen, damit diese nicht erkennen sollten, wer sie wirklich sind. So werden die Menschen absichtlich im Dunkeln des Bewusstseins gelassen. Die „Dunkle Allianz" will den Terra-Menschen weiterhin als Sklaven behandeln, der von ihnen niemals als gleichwertig anerkannt werden wird. Er soll einzig und allein ihrer künstlich erschaffenen Wirtschafts-Matrix dienen.

Hört die Worte eines erwachten Menschen: „Der Mensch ist unvollkommen, Gott aber ist Vollkommenheit!" Ich als Mensch in meinem Menschsein bin unvollkommen und trotzdem liebt Gott mich! Also, sollte auch ich meine Unvollkommenheit als Mensch lieben und nicht verurteilen. Denn es ist nicht recht, dass ich verurteile, das was Gott liebt.

Und liebt er auch nicht mich in meiner Unvollkommenheit? So wie die Sterne am Himmelsfirmament stehen und leuchten, so wie die Sonne ihre Arme ausbreitet um die Erde zu wärmen, allesamt ihre Bewohner, die sichtbaren und unsichtbaren, so wie Gott alles liebt ohne zu bewerten, sollte ich es ihm nicht gleichtun? Wie dumm ist es doch, wenn wir Menschen nur ständig herabschauen auf die Schwächen in uns selbst und auf die unserer Mitmenschen!"

Das geheime Zusammenspiel der geistigen und weltlichen Mächte

Alle Regierungen und Königshäuser dieser Erde sind ebenso wie die Religionsformen infiltriert von den Kräften der „Dunklen Allianz". Die geistige und die weltliche Macht ziehen an einem Strang. Das heißt aber gleichzeitig, dass viele von ihnen in den unteren Rängen nicht wissen, was da innerhalb ihrer oberen Kreise wirklich passiert und sie glauben oftmals sogar „Gutes" für die Gemeinschaft zu tun. Viele weltliche Herrscher sind in Wahrheit den geistigen Herrschern unterworfen. Das geschah bereits vor langer Zeit. Nun ist es aber nicht so, dass ihr hier in erster Linie an die euch bekannten und somit sichtbaren Religionsformen denken sollt, nein, weit gefehlt!

Der Mensch, dessen drittes Auge noch verschlossen ist kann nicht in übergeordneten Zusammenhängen denken und ist somit auch nicht in der Lage nach diesen

Prinzipien zu handeln. Das ist auch keinesfalls erwünscht von den Machtherrschern dieser Erde, die ihr Handwerk, nämlich zu täuschen und die Illusion dieser vermeintlich realen Welt aufrecht zu halten, meisterhaft verstehen. So bildet er sich dann ein, er würde nur einmal leben und er müsse somit dieses Leben auskosten und so entspricht er genau den Vorstellungen der Macher, die das so wollen. Hingegen ein aufgewachter geistiger Mensch würde niemals für sie als Sklave schuften, im Glauben, eines Tages würde er reich und somit frei sein und könnte sich dann alles erlauben, was er sich so wünscht. Er würde genau wissen, dass alles Vergängliche auf dieser Welt es auf gar keinen Fall wert ist, sein Seelen-Leben dafür hinzugeben und sich ausbeuten zu lassen. Und als ob das noch nicht reichen würde, wird ihm auch noch von einigen Religionsausrichtungen weisgemacht, nach diesem Leben würde er dann ja belohnt werden in einem geistigen Paradies, für all seine guten Taten und für all sein Schwitzen und Schuften auf dieser Erde. So haben die Machtherrscher schon zwei riesige Zielgruppen geschaffen: Zum einen diejenigen, die an nichts glauben und die meinen, nach dem Tod kommt nichts mehr und das würde dann ja rechtfertigen, dass sie sich in ihrem einen Leben ja alles nehmen können, was sie begehren. Die andere Gruppe hingegen glaubt, sie würden belohnt werden, wenn sie sich für ihre Glaubensrichtung voll einsetzen oder sie könnten in den Himmel oder bei Fehlverhalten in die Hölle kommen. Mit den Machtherrschern bezeichne ich eine ganz bestimmte Elite, hervorgegangen aus den Reihen der „Dunklen Allianz", die Geld und Macht vorwiegend in ihren Händen hält und die genau weiß, wie sie die Menschen zu ihren Gunsten beeinflussen kann.

Die Wahrheit ist, dass die Bereiche und somit die Interessen der Wirtschaft und der Politik sich nicht mehr wirklich voneinander trennen lassen. Dieses gemeinschaftliche System der wirtschaftlichen und geistigen Interessen blockiert absichtlich die Evolution der Menschheit! Die wirtschaftliche Elite strebt eine Alleinherrschaft über die Erde an, um alles zu ihren Bedingungen zu gestalten. Sie missachten die göttliche Urinformation und so sind sie zu Gegenspielern geworden. Sie haben es mit ihren Strategien ziemlich leicht, können Sie doch auf die in den meisten Menschen ruhenden Eigenschaften der Ignoranz und leider auch der Gier nach mehr Beute zählen. Sie streben die totale Kontrolle an und sie wollen eine neue Weltordnung schaffen. Dazu soll möglichst alles in eine Hand verschmelzen.

Vorsicht! Wenn ihr „Gemeinsam vorwärts" hört! Damit sprechen sie ganz gezielt eine Information an, die Wirkung auf die Menschen haben wird, denn insgeheim sehnen sich fast alle nach dieser göttlichen Idee. Nur ist sie eine ganz andere als die ihre. Hütet euch darauf reinzufallen. Wenn sie von Gemeinschaft sprechen, dann meinen sie in Wirklichkeit „Gleichmachen in eine beherrschbare Masse", deren Ideale und deren Ziele sie bestimmen werden und nicht du, der einzelne Mensch. Du bist dann unwichtig und völlig machtlos.

Die Politik im allgemeinen betreibt jetzt eine Strategie, die heißt „Wogen glätten" und glattschieben, aber es ist nicht mehr möglich, zu verschieben und zu verdecken. Denn diese Methode ist zu vergleichen mit einem Tuch der Illusion, das schon zu lange dazu benutzt wurde, all das zu verdecken, was die Menschen nicht sehen sollen. Zwischenzeitlich hat es jedoch Löcher bekommen und diese können nicht geflickt werden. Viele Menschen sehen bereits durch sie hindurch und erkennen den wahren Untergrund. Und der sieht nicht besonders einladend und erfreulich aus. Deshalb bringt nur noch eines etwas wahrhaftig Nutzvolles: Schonungsloses Offenlegen, die Menschen mit der bitteren Wahrheit zu konfrontieren. Denn erst dann ist eine Schadenfeststellung möglich und erst darauf lässt sich gemeinsam etwas sinnvoll verändern.

Die weltlichen Herrscher haben Angst vor der Macht der Masse. Deshalb wenden sie ihre speziellen Methoden an, um diese zu beherrschen. So verhält es sich auch in einem Gefängnis, in dem vergleichsweise wenige Aufseher mit ihren Gewehren viele Gefangene in Schach halten können. Alle Waffen sind im übrigen durch die „Dunkle Allianz“ erschaffen, um die Macht zu behalten. Ihnen sind alle Mittel recht, um die Menschen zu beherrschen. Es wurden bereits zahlreiche Bunker auf der Erde gebaut aus dem einzigen Grund - nämlich Vorsorge zu schaffen für sich selbst, um sich abschotten zu können, wenn der Mob - das seid ihr, die Masse der Menschen - kommt. Wenn Verhältnisse sichtbar werden, die Wut, Zorn und Hass heraufbeschwören. Das ist dann die Zeit, wenn das künstliche Lügengebilde in sich zusammen fällt!

Dieses waren Beispiele für den niederen Instinkt in der menschlichen Natur. Aber es ist nicht meine Aufgabe hier zu urteilen. Ich zeige nur die wahre Welt auf.

Das falsche Wertesystem

Hier auf dieser Erde herrscht ein System, das nichts mit der wahren göttlichen Liebe zu tun hat, denn es ist auf falschen Werten aufgebaut.

Stellt euch vor, es wurden Wertmarken ausgegeben und jede Marke steht für einen bestimmten Wert, und dieser Wert hat eine Gültigkeit angenommen, die jeder Mann kennt und sich danach richtet. Der eine mehr und der andere weniger. Aber schon alleine das genügt, um euch zu entzweien. Denn da wo keine Einigkeit herrscht, ist die Macht gebrochen und es ist an ihre Stelle die Einsamkeit untereinander getreten. Jeder brütet für sich seine „Lebenseier" aus und wacht eifersüchtig über die Brut. Teilen kommt für ihn dann nicht infrage. Solange ihr aber glaubt, dass die Wertmarken in euren Händen, die ausgegeben wurden euch für irgendetwas zunutze sein könnten, habt ihr Gültigkeit erteilt. Werft sie weg, die falschen Wertmarken und besinnt euch auf eure eigene Macht, die in euren Herzen ruht. Löst euch von dem starren Denken und dem Glauben an die Götzen auf die ihr baut. Alles wird zusammenfallen und dann habt ihr nur noch euch selbst. Und was tut ihr dann? Kennt ihr euch überhaupt noch selbst? Wisst ihr was mit euch selbst anzufangen? Der Anfang etwas zu verändern liegt in euch. Kommt wieder zur Besinnung. Sprengt diesen eisernen Ring, den ihr um euer Herz gelegt habt. Lasst euch nichts mehr von außen vormachen. Werdet endlich erwachsen, übernehmt die Verantwortung für eure Lebensbestimmung und erinnert euch.

Die Sichtweise der Menschen wird eigennützig und ganz bewusst begrenzt gehalten und ihre Aufmerksamkeit wird nur auf das gelenkt, was dieser Elite und ihren Vasallen von Nutzen ist. Der Mensch soll sein schwer verdientes Geld für die Güter ausgeben, die „Sie" herstellen und auch bewerben. Wenn mal was nicht so klappt, wie es erwünscht ist, wird das bewährte Instrument der Angst und Schuldzuweisung angewandt. Das wirkt immer. Da die meisten Menschen vergessen haben, übergeordnet zu denken, ist ihre Sichtweise zu begrenzt, um die ganze Tragweite der vorsätzlichen Irreführung erkennen zu können. Ganz bewusst wird den Menschen immer nur ein zuvor ausgewählter Fokus aufgezeigt. Die hierfür erwünschten Verhaltensweisen werden antrainiert von Kindheit an. Da wird bereits der Grundstein dafür gelegt, wie der Mensch in seiner bewussten Welt mit seinen Seelenaufgaben umgeht. Daneben werden sie ständig abgelenkt, um nicht zur Ruhe zu kommen, weil sie sonst erkennen könnten, was da so gespielt wird in der Welt in der sie leben. Den meisten Menschen wird absichtlich die Zeit genommen, die sie dafür brauchen würden, sich selbst zu beobachten und sich selbst zu spiegeln. Somit sind sie dann gefangen in der Matrix dieser Erde.

Ein gewichtiger Grund dafür, dass die Machtherrscher mit ihrer Methode so viel Erfolg haben, ist es, dass viele Menschen leider ein gemeinsames Merkmal besitzen. Das ist ein ganz bestimmter Mangel, der immer noch tiefe Wunden ins Fleisch reißt – es ist die fehlende Liebe zu sich selbst. Jeder ist sich selbst der Nächste! Und was glaubt ihr wird sein, wenn ihr euch selbst immer wieder verletzt, ja mit einem riesigen Messer, das die eigene Hand führt, wider das innere fühlende Selbst. Und was ist, wenn ihr die Wunde nicht versorgt und sie weiter vor sich hin schwären laßt? Sie wird sich immer mehr ausbreiten, gesundes Gewebe vergiften und schließlich euer Herz. Vergiftete Herzen sind allerorts zu finden. Sie häufen sich immer mehr, so dass es bereits ein Tal der verlorenen und vergifteten Herzen gibt, die vor sich hingammeln, um letztendlich zu zerfallen.

Zur Erinnerung: Selbstloses, liebevolles Handeln hingegen ist immer ein Zeichen für einen bewussten Licht-Code-Träger und glaubt mir, es tragen viel mehr von euch den Lichtcode in sich, als ihr jetzt annehmen würdet. Nur bei den meisten ist er verschmutzt und hinter einer dicken Ego-Mauer verborgen.

Diese Welt und ihre Medien

Es existiert ein Täuschungsprogramm, das absichtlich von den „Gierigen“ auf diese Welt gelegt wurde. Sie erneuern es ständig und sorgen dafür, dass es einwandfrei funktioniert. Es dient nur einem Zweck, der da heißt: „Haltet die Menschen ruhig und macht sie willig, so merken sie nicht, dass sie in Wirklichkeit unsere Sklaven sind, die wir benutzen, um unsere Interessen durchzusetzen.“

Es wird absichtlich eine Art Gemeinschaft vorgetäuscht und wer nicht zu dieser gehört, wird ausgegrenzt und so auch von den anderen Sklaven als bedrohlich angesehen. Und dieses Misstrauen wird ständig ernährt durch ganz bewusste Manipulationsstrategien, wie: „Schaut mal, die oder der will nicht arbeiten und dafür müsst ihr jetzt für sie aufkommen und vor allem, sie sind unbequem in jeglicher Hinsicht und so auch unerwünscht." Das tückische an dieser Geschichte ist, dass tief in den Menschen der Wunsch nach einer wahren Gemeinschaft schlummert und dieser wird gezielt benutzt, um eine selbstbestimmte Vereinheitlichungsstruktur, also eine Programmeinheit, die bestimmt, wie eine solche Struktur dann auszusehen hat, zu schaffen.

Die Erschaffer dieses gigantischen Sklavenprogramms, eine gierige Elite, habe ich der Einfachheit halber „Sie" bzw. „Die Gierigen" genannt.
Bei ihnen stehen die Wirtschaftsinteressen an erster Stelle. Sie bedienen sich der Instrumente von weltlicher und geistlicher Macht, um ihre eigenen Vorhaben skrupellos durchzusetzen. Ihre deutliche Handschrift ist die Profitgier und sie verstecken sich hinter einer ihrer Lieblingsausdrücke, der da heißt „Wirtschaftswachstum". Sie sind nahezu alle Nachkommen der „Dunklen Allianz". Eure Politiker sind leider viel zu oft ihre Marionetten. ***Viele Menschen sind für sie tätig, ohne es zu wissen!***

Die „Gierigen" haben die Menschen lange studiert und wissen ganz genau, wie sie ihre Ziele erreichen können, ohne dass es großartig auffällt. Wären da nicht die Aufklärungstrupps unserer Lichtseite einzeln oder gemeinschaftlich unterwegs, die ihnen mehr und mehr ins unsaubere Handwerk pfuschen, würden sie ihr Hauptziel „Beherrschung pur" auch mühelos und sicher erreichen.

Zur Erinnerung: Die Erschaffung des Terra-Menschen über Erbgutveränderungen von den „Abtrünnigen" diente vornehmlich dem Ziel, willige und starke Sklaven für ihre Zwecke zu erschaffen. Einer, der das ausführt, was „Sie" selbst nicht machen wollen oder vielleicht auch nicht können. Doch die wahrhaftige Irreführung begann, als die Echsendynastie die Macht übernahm und die eigentlichen Erschaffer, die „Abtrünnigen", auch von ihnen mehr und mehr dominiert wurden. Die Gier nach „immer mehr" war entstanden. Die dunklen Bruderschaften, vereint in der Mafia-Struktur der „Dunklen Allianz", verfolgten dann ein gemeinsames Ziel – Ausbeutung der Erdschätze, der Menschen und der Tiere und eine Versklavung über die programmierte Irreführung. Hierzu zählen auch die bewussten Täuschungen über angebliche Sichtungen bzw. Erscheinungen von Heiligen am Himmel. Die gläubigen Menschen waren nicht in der Lage, zu erkennen, dass es sich um riesige künstliche Projektionen gehandelt hat. Wie auch? Das Auge selbst konnte nicht wahrnehmen, was sich da real abgespielt hat, weil es dafür nicht geschaffen war.

Diese „Dunkle Allianz" bezieht ihre Informationen aus einer ganz bestimmten Quelle, ihrer eigenen Pressestelle. Diese nährt die öffentliche Meinung mit ihren Berichten und steuert sie, sei es bewusst oder unbewusst. Sie sprechen meist davon, dass sie ja eine erwiesene und offizielle Wahrheit verbreiten würden und es würden Studien von renommierten Wissenschaftlern vorliegen, denen sie vertrauen würden. Diejenigen, deren Darstellungen durch sie veröffentlicht werden, gehören meist der einflussreichen Gesellschaftsschicht an. Schaut mal selbst!

Vielleicht ist es euch bereits aufgefallen, dass sehr viele Fernsehsender immer mehr Shows ausstrahlen, in denen wirklich auf eine „große nette Familie“ gemacht wird und selbst die politische Szene liebt es immer mehr, sich auf diese „nette, normale“ Art den Menschen darzustellen. Dieses dient nur einem Ziel, die Menschen zu unterhalten, damit sie nicht auf so dumme Gedanken wie „persönliche Freiheit haben wollen“ kommen. Es ist alles nur eine riesige Show. Wenn ihr dabei seid, euch frei zu schwimmen, werdet ihr womöglich erleben und dann auch tief in euch spüren, dass ihr euch auf einen einsamen Weg begeben habt. Dieser führt von den vollen Straßen des Programms weg, und es mag euch als abseits erscheinen, aber es wird nur eine kurze Strecke sein. Haltet durch, glaubt daran, dass ihr das richtige tut und das Leben wird euch überraschen können und ihr trefft mit Gleichgesinnten zusammen. Ihr werdet die Wahrheit erkennen und plötzlich wird es euch klar sein, dass ihr euch die gesamte Zeit zuvor in einem falschen Film befunden habt.

Die Wirtschaft und das Geldsystem

Ich habe zuvor bereits über die falschen Werte berichtet. In diesem Zusammenhang möchte ich auf das Geldsystem zu sprechen kommen. Es scheint doch so, dass nahezu alle Menschen ohne Geld unfähig sind zu existieren. Geld regiert die Welt und wer hier Geld hat, besitzt Macht! Hat dieses Denken über Geld überhaupt noch Zukunft? Wohin will es euch Menschen leiten?

Das Geldsystem hängt eng mit dem Aufbau des Wirtschaftssystems zusammen. Die Chance der Menschheit liegt darin sich bewusst zu machen, dass dieses herrschende System ein ausgeklügeltes unfaires Ausbeutungssystem ist. Nichts anderes. Die Menschen, die jung und gesund sind, Nachkommen zeugen und arbeiten können, werden systematisch ausgebeutet und jene, die krank und alt sind, werden fallen gelassen.

Leider ist es einfach, das menschliche Bewusstsein zu täuschen.

Man nehme folgende Zutaten: Einen äußeren Anstrich, der Empörung hervorruft und dann mischen sie diese mit einem gewaltsamen Explosionsgewitter, das da heißt, vorsätzliche geschürte Angst. Daraus entsteht dann: Gemeinsam gegen den Feind. Und dann ist so ein Feindbild entstanden, das es rechtfertigt, nach Meinung der einen, die es vorgeführt haben, jetzt mit allen Mittel vorzugehen, die zur Verfügung stehen. So einfach ist das. Dies ist sehr beunruhigend und es ist leider die Wahrheit. Es ist erschreckend, wie viel Brutalität gegenüber Menschen und Tieren herrscht. Nur ich glaube, es wäre sicherlich völlig verkehrt, nun alle Hoffnung auf eine bessere Welt aufzugeben.

Wie ist das heutige Geld- und Zinssystem entstanden?

Die Templer-Garde, so ist ihr richtiger Name, war eine Spezialeinheit des römisch-katholischen Glaubensimperiums, dem der Papst vorstand. Ihre Mitglieder waren unbestechlich und völlig auf ihren Herrn und Meister Jesus Christus eingeschworen. Sie dienten aus ihrer Sicht nicht dem Papst, sondern Jesus Christus. Das will ich hier in aller Deutlichkeit ausdrücken, denn dies ist der entscheidende Punkt. Sie sahen sich als Jünger an, die auszogen, um den Glauben ihres Meisters zu verbreiten. Ein jeder von ihnen legte ein Armutsgelübde ab und sie verzichteten allesamt auf irdische Güter und Besitztümer. Sie waren auf ihre eigene Art und Weise Glaubenskrieger und somit gingen sie radikal und auch teilweise fanatisch vor. Die Wahrheit ist es, dass der größte Teil von ihnen bereits Anhänger und auch Jünger meines Bruders Jesus Christus waren, als dieser auf dieser Erde wirkte. Auch damals hatten sie alles weltliche zurückgelassen, um ihm nachzufolgen.

Hier gilt es jedoch auseinander zu halten, dass der Papst als Vorstand des katholischen Glaubensimperiums und die Tempelritter verschiedene Ziele dabei verfolgten. Der Papst wollte seine Macht ausbreiten und glaubte, wenn er Jerusalem ins „Reich“ holen könnte, wäre diese unanfechtbar, weil die weltlichen Herrscher dann umso mehr sich seinen Wünschen beugen würden. Die Tempelritter wollten in das Land zurück, in dem sie einst gewirkt hatten und es erschien ihnen als höchste Ehre es wieder reinzuwaschen vom Blute ihres Meisters. Dafür waren sie bereit, das Blut der Feinde zu vergießen, denn sie gingen dort hin mit dem Schwert in ihrer Hand. Sie hatten vergessen, dass ihr Meister etwas ganz anderes gelehrt hatte, nämlich Gewaltfreiheit und Liebe. Sie wollten ihm seine besudelte Ehre und all die Schmach, die er erlitten hatte, wieder auf ihre eigene Art und Weise zurückgeben und somit Jerusalem säubern von denen in ihren Augen Ungläubigen. Doch es wurde ein sehr langer Kampf und das Blut unzähliger Menschen floß in den Straßen der Stadt.

Die Garde suchte fieberhaft nach dem Grab von Jesus Christus. Sie suchten nach Spuren, die von seinem Leben zeugten. Als sie fanden nach was sie suchten und vor den Papst traten, wurden sie dafür reichlich belohnt. Da sie aber das Armutsgelübde abgelegt hatten, was keinerlei persönliches Besitztum erlaubte, gründeten sie sogenannte Stiftungen, um dort ihr Vermögen einfließen zu lassen. Jerusalem stiftete somit die Grundlage für ihren Reichtum. Der Papst ließ sie gewähren, denn sie hatten ihm einen unschätzbaren Dienst erwiesen. Seine Macht gegenüber dem weltlichen Herrscher war durch ihren Verdienst entscheidend gewachsen. Das Geldsystem sowie das Zinssystem war bereits in Jerusalem vorhanden. Von dort haben es die Templer mitgenommen. Zuerst war es so von ihnen gedacht: *„Mit dem Geld unserer Orden helfen wir auch den Menschen, denen sonst niemand helfen würde. Natürlich ist es dann angebracht, einen kleinen Zins dafür zu erheben!“* Mit der Zeit florierte dieses Geschäft immer besser, vor allem weil das Geld überall hinfloß, u. a. auch an den Französischen König, also in die Weltliche Macht.

Dieses System wurde dann später von Mitgliedern der Dunklen Allianz übernommen, dann aber zu ihren Gunsten verändert, so dass es letztendlich in das bekannte skrupellose Bankensystem einging. Es gilt also hier zu erkennen, dass die meisten Mitglieder der ursprünglichen Templergarde dieses Ziel nicht angestrebt hatten. Vielmehr wurde es durch die Dunkle Allianz nach der Übernahme auf ihre eigene Art und Weise weiter verwendet.

Beachtet:
Hinter dem Zusammenbruch des herrschenden Geld- und Wirtschaftssystems steht der wahre Wert der Menschheit. Dieses sollte euch ganz bewusst werden.

Christoph / Bildzeichnung: Mysteriös

Der Lichtcode
Das Fragment: Bewusstsein

Einst geliebt, mit zarter Hand. Einst verbunden, mit spielerischen Sein, mit glänzenden Augen und einem Lächeln im Gesicht, verzückt und voller Freude, es gesehn!

Ein düsteres Kapitel der Menschheit ist der lieblose Umgang mit den Tieren und der Natur. Ich habe zuvor gesagt, dass ich den Schwachen zuliebe Informationen freigebe. Nun, die Schwachen, das seid ihr, die Unwissenden, aber auch die Tierwesen, die aufs Übelste behandelt werden. Die Tiere sind eure Verwandten. Ihr habt denselben Ursprung! Ihr seid Kinder der Erde. Das sollte euch bewusst sein!

Der ohne Licht ist, kennt keinerlei Verantwortungsgefühl für die Natur und ihre Wesen und für seinesgleichen. Oder er verfolgt nur die Interessen der Spezies Mensch. Das ist eine ursprüngliche Schwäche der „Abtrünnigen". Sie brachen aus dem Sinn des Gemeinwohls der Gesellschaft aus. Das ist ihre Handschrift. Erkennt ihr sie?

Löst euch aus dem Kreislauf des Todes aus Barmherzigkeit heraus und ihr werdet leben. Dies ist einfacher als ihr glaubt. Derjenige, der das Licht zurückholen will, sollte aufhören zu töten. Das ist die erste Bedingung! Engel essen kein Fleisch! Wollt ihr mit uns sein, so hört auf zu töten! Das ist der erste Einstieg, um euren Lichtcode zu aktivieren, was ewiges Leben bedeutet.

Trennt euch weiter ganz bewusst von allen Arten der Ausbeutung.

Erinnert euch an die selbstlose Liebe, besinnt euch. Glaubt an die Wahrheit der göttlichen Quelle in euch. Das ist die direkte Verbindung zu Gott. Fangt bei den Tieren und der Natur an. Entschuldigt euch ehrlichen Herzens bei allen, den ihr Unrecht angetan habt und euch wird ein Licht aufgehen. Gewalt vergiftet eure Herzen und das Fleisch der getöteten Tiere vergiftet auch eure Körper. Vollzieht es einfach und habt Geduld mit euch selbst. Die Vergiftung hat ihre Zeit gebraucht um zu wirken und genau so verhält es sich, wenn sie euch verlässt. Alles braucht hier in der Ebene der Materie seine Zeit. Die Suggestionen der „Dunklen Allianz“ haben damit ihre Macht verloren, ihr werdet es erleben.

Ich spreche an dieser Stelle ganz besonders euch Frauen und Mütter an, was nicht heißen soll, dass es die Männer und Väter nicht betrifft. Erinnert euch jetzt ganz bewusst daran, dass ihr „eins“ seid mit den Tiermüttern und ihren Kindern, denen sie das Leben geschenkt haben. Sie sind besonders auf eure Hilfe angewiesen. Bis auf wenige Ausnahmen werden sie in Gefangenschaft dazu gezwungen, schwanger zu werden und das Leben, das sie dann schenken, ist bereits zu einem grausamen Tode verurteilt. Doch bis dahin wird das neue Lebewesen, genauso wie seine Mutter, durch Menschenhand ausgebeutet und einfach nur benutzt. Hieraus entstammt auch der diskriminierende Begriff: „Nutzvieh“! Wie respektlos und entwürdigend! Ich frage euch, liebe Mütter, wie wäre es, wenn euch eine unbarmherzige Macht, gegen die ihr nichts auszurichten vermögt, euch eure neugeborenen Babys gegen euren Willen einfach wegnehmen würde?

Ihr wärt ganz sicher unendlich traurig und würdet bitterlich weinen und ihr würdet darum flehen, man möge euch das Kind zurückgeben und euch freilassen. Wenn ihr jetzt vielleicht der Meinung seid, das ich hier einen Unterschied zu machen hätte oder das wäre die Bestimmung der Tiere, muss ich euch eines besseren belehren. Ich sage euch hier die Wahrheit und die heißt: „Wollt ihr und eure Nachkommen selbst nicht mehr ausgebeutet werden, so hört auf damit dieses mit anderen zu tun. Wollt ihr selbst nicht leiden, so fügt auch anderen kein Leid zu. Wollt ihr selbst frei und in Würde leben, so gesteht es auch allen anderen Wesen zu, in Freiheit und in Würde leben zu dürfen."

Ich möchte euch an dieser Stelle ganz bewusst eine Frage stellen: „Was bedeutet es wirklich, eine Frau zu sein?" Euch werden Idole vorgesetzt, wie „Die moderne Powerfrau". Sie ist natürlich sehr selbstbewusst, spielt ihre Mutterrolle neben Beruflicher Karriere und die Kinder werden meist von fremden Personen oder Großeltern betreut. Ich frage euch ganz bewusst weiter.: „Habt ihr vergessen, dass ihr diejenigen seid, die wirklich die Macht haben durch eure Liebe und eure Fürsorge, die euch naturgemäß gegeben wurde, diese Welt zu einer besseren zu machen?" In jeder Frau schlummert ganz tief das Gefühl, sich um etwas Hilfloses kümmern zu wollen, was Zärtlichkeit braucht und dass sie behüten kann. Eine Frau ist jenes Geschlecht, dass neues Leben in die Welt tragen kann. So ist die Mutter die erste wichtigste Bezugsperson für jedes Kind, weil sie es in ihrem eigenen Kreislauf im Normalfall neun Monate lang beherbergt und so gefühlsmäßig eng mit ihm verbunden ist. So entsteht hier eine immens wichtige Prägung des Menschen, weil das Gefühl sich bereits vor dem Verstand entwickelt hat. Also ist die Mutter sowohl für Töchter als auch Söhne hier im ersten Stadium „wichtiger" als der Vater. Es ist auch natur gemäß die Aufgabe einer Mutter, den Neugeborenen die Erstnahrung zuführen zu können. Nahrung bedeutet neben Wärme und Liebe für das Kind „Überleben". Die Mutter jedenfalls prägt auch als erste Frau ihren Sohn. Ich rede hier über die spezielle Beziehung der Mutter zu ihrem Sohn, was nicht die Tochter ausschließen soll. Nein, ich wollte hier nur erklären, wie immens wichtig es ist, dass die Mutter gerade auch ihrem Sohn Nähe, Zärtlichkeit, Verständnis und Wärme entgegenbringt und das sie darauf einwirken sollte, dass er als Kind nicht verdorben wird, indem er zu „einem richtigen Mann" erzogen wird. Dieser Sohn würde sich eine Frau suchen, die er wirklich liebt, weil er weis was Liebe und Fürsorge ist. Er hat es ja von seiner Mutter gelernt und er würde rein sexuellen Vergnügungen den Rücken kehren, weil er gar nicht wüßte, was er damit anfangen soll. Sexualität ohne Liebe ist ein billiger Ersatz für wahre Liebe. Er würde liebevoll mit seiner Frau und seinen Kindern umgehen. Ein glücklicher Kreislauf würde beginnen. Und nun ist es ganz genau dasselbe, wenn ihr Mutter einer Tochter seid. Ihr könntet den Grundstein zu einer liebevollen, selbstbewussten Frau legen, die nicht danach trachtet, dem Mann nachzueifern, sei es beruflich oder sei es privat. Sie würde sich aber auch nicht einem Mann unterwerfen, weil sie glaubt sie müsste sich von ihm versorgen lassen und ihre eigenen Interessen würden dann eine untergeordnete Rolle spielen.

Und nun komme ich zu den Männern und den Vätern. Viele von euch haben es als kleiner Junge bereits selbst erlebt, wie es ist, wenn ihr eure Gefühle offen gezeigt habt. Ihr wurdet verhöhnt und als Schwächlinge bezeichnet. Innerhalb der Gruppen wurdet ihr oftmals gezwungen bei etwas mitzumachen und Stärke zu zeigen, das ihr vom Gefühl her aber abgelehnt habt. Weil Ausgrenzung drohte habt ihr euch dann darauf eingelassen. Dieses Spiel setzte sich dann weiter fort ins Berufsleben hinein. Der Ellenbogen wird immer mehr eingesetzt, um etwas zu erreichen, was man haben will. Das Gruppenfeeling ist bei euch oftmals stärker geprägt als bei den Frauen. Wenn ihr Väter und Mütter aber gemeinsam von Anfang an zu eurem Kind steht und die verflixten Rollenspiele weglasst und euch stattdessen darum kümmert, dass ihr dem Kinde, ob Mädchen oder Junge, gerecht werdet, seid ihr auf einem guten Weg. Nehmt euch Zeit für euer Kind und geht auf seine ganz speziellen Potentiale und Bedürfnisse ein. Bringt ihm bei, Gefühle zu zeigen und fördert die Achtung vor der Natur und jedem anderen Lebewesen. Ihr setzt damit einen ungemein wichtigen Grundstein im Leben eures Kindes, das es niemals mehr vergessen wird. Und wisst ihr, was das bedeuten kann? So ein Mensch hat keine Lust mehr auf einen anderen loszugehen, ihn zu töten oder in den Krieg zu ziehen. Es würde mehr friedliche Pflanzenesser auf der Welt geben, weil sich diese Achtsamkeit auf alles Leben erstrecken würde. Ahnt ihr jetzt, was das bedeuten könnte?

Wenn ihr Menschen mit der Grundinformation des Lebens auf dieser Erde konform gehen möchtet, dann ist es unabdingbar auf den Verzehr von Fleisch und allen daraus gewonnenen Produkten zu verzichten. Hierzu gehören auch alle Erzeugnisse, für die ein Tier sein Leben lassen musste.

Wer von euch hier in der westlichen Welt lebt, hat es besonders leicht, diesem Gebot zu folgen. Alle übrigen Produkte, die unwürdigen Massentierhaltungen entstammen solltet ihr ebenfalls ablehnen und dafür euch aus Ressorts bedienen, die Natur achten und auf ihre Ausbeutung verzichten. Ein Zurück zu den natürlichen Grundlagen des Lebens ist ein sehr wichtiger Schritt für euch, um zu wachsen und zu reifen im Sinne des Lichtcodes.
Genau hier muss das Umdenken beginnen. Wenn es euch gelingt, diese Tierwesen als gleichberechtigt neben euch zu sehen, sie zu achten und mit ihnen gefühlvoll umzugehen und damit aufzuhören, die Natur zu zerstören, ist der wichtigste Baustein für eine neue bessere Welt geschaffen. Auf diesen Stein kann dann weiter aufgebaut werden und ihr habt eine Chance, dass die wahre göttliche Liebe ihren Siegeszug antreten kann und wo sie ist, sind auch Freude und das wahre Leben zu finden.
Die Erde hat dann „mit euch" eine Chance weiter zu existieren und alle Untergangsprognosen können dann umgeschrieben werden in Prognosen, die von Wiedergeburt sprechen.
So manchen höre ich jetzt sagen: „Das ist doch Unsinn, zuerst muss es um die Menschen gehen, denen es genau so schlecht geht oder noch übler als manchen Tieren. Zuerst einmal müssen wir uns um unsere eigene Gattung kümmern. Die Kinder dieser Welt sind viel wichtiger als Tiere."

Ich bin mir bewusst, dass es vielen als unverständlich erscheint, wenn ich jetzt wiederum sage: „Nein, das ist es nicht." Ich spreche hier nicht von Hilfsmaßnahmen oder andere Hilfen finanzieller, ärztlicher oder sachlicher Natur. Nein! Ich spreche hier um das „Fühlen" um das Anerkennen, dass ein Tier ein fühlendes

Wesen ist, genau wie der Mensch und dass ihr nicht das Recht habt, es so zu behandeln als sei es eine Maschine. Eine, die zu funktionieren hat, wie ihr es wollt, deren Kraft ihr ausraubt und wenn sie nicht mehr tauglich ist, wird sie auf den Schrott geworfen oder das Lebenslicht wird ihr einfach ausgepustet. Ihr seht sie als Milch- Fell- Leder- und Fleischlieferanten an, ganz zu schweigen von den unfreiwilligen Testern der Medizin und Kosmetik. Ihr meint auch noch, das sei völlig in Ordnung? Viele von euch vertreten folgende Meinung: In erster Linie geht es erst einmal um unsere Gattung „Mensch“ und dann kommt lange nichts und dann erst das niedere Wesen „Tier“.
Das ist ein fataler Fehler und dieser kommt euch teuer zu stehen, weil ihr immer mehr den Bumerang fühlen werdet, der unweigerlich zu euch zurückkommt.

Von allen Geschöpfen, die auf dieser Erde wandeln, ist der Mensch, derjenige, der alles mit zu verantworten hat, was auf dieser Erde geschieht. Er kann sich nicht freisprechen und sagen: „Ach ich kann doch nichts dafür, dass jetzt alles so gekommen ist.“ Nein, so einfach geht das nicht. Er kann sich nicht herausreden und sagen, die Kuh dort drüben, die beim Bauern auf der Wiese steht, ist dafür verantwortlich, dass das Gras, das ihr als Futter vorgeworfen wird, vergiftet ist, oder das Schwein, dass im dunklen Stall zusammen mit seinen Leidgenossen im Futtertrog das frisst, was dann wiederum den Menschen, der sein Fleisch aufessen wird, vergiften wird. Nein, diese Wesen sind die wahrhaftig Unschuldigen, sie können nichts dafür. Deshalb wird auch die wahre göttliche Präsenz selbst eingreifen. Ihr werdet es erleben!

Merkt euch, ein Tierwesen ist gleichzusetzen mit einem Kind! Wisst ihr was das bedeutet?

Und da wo der Mensch sich durch sein Menschsein erhebt über das Tier und die Natur ist er fern von der liebenden göttlichen Präsenz. Wo seine selbsternannten Vertreter das nicht erkennen, sondern daran festhalten, dass der Mensch über den Tieren und der Natur steht, ist er am weitesten entfernt von der göttlichen Wahrheit. Wird nicht allerorts gesagt: ***„Alles ist eins?"*** Ja, was ist denn eins? Das kann meist nicht beantwortet werden. Es gibt keine Einheit auf Erden, noch nicht. Denn das ist das angestrebte Ziel der bedingungslosen Liebe. Doch bis dahin sind wohl noch einige Hürden zu überwinden.

Es gibt nur eine Form für das Leben auf der Erde. In der Urform ist alles Leben miteinander verbunden. Es wird sich unweigerlich auf alle auswirken, was dem einzelnen Grundelement angetan wird oder was es erfährt. Erfahrungen werden auf alle gleichsam verteilt. Dazu kommt hinzu das individuelle Bewusstsein des einzelnen Lebewesens. Hier kommt es zum Tragen, inwieweit ein Wesen seelenentwickelt ist. Deshalb spielt es eine bedeutende Rolle, wie weit sich ein Wesen in seinem Bewusstsein in einem verkörperten Leben geistig weiterentwickelt hat. Persönliche Erfahrungen können hier durch nichts ersetzt werden. Die Erde ist ein Erfahrungsplanet und alles muss auch praktisch umgesetzt werden. Fällt z. B. eine höher entwickelte Seele wieder zurück in ihre niedere Ursprungsform, so kann sie sich nur wieder weiterentwickeln durch den Ausdruck einer Verkörperung in dieser niederen Form. Aus Mensch kann wieder Tier werden.

Das ist eine Wahrheit, die vielen nicht schmecken wird. Deshalb hütet euch davor, ein anderes Leben als minderwertiger oder als weniger wert anzusehen.

Es ist ein bedeutender Unterschied, ob ihr Pflanzen oder Tierleichen esst. Pflanzen können sich untereinander nicht vertilgen. Ihr Nutzen und auch ihre „Berufung" ist es, den Lebewesen als Nahrung zu dienen. Denn sie haben innerhalb ihrer Gruppeninformation bereits das ewige Leben, weil sich eine Form aus der anderen heraus entwickelt. Die Urpflanzeninformationen können nicht getötet werden, denn alles was da ist, wird durchströmt vom Atem der Schöpfermacht unseres Universums. Die Natur im Ursprung war in sich eine intakte Einheit, aber andere Wesen, die von anderen Ursprungsformen kamen, brachten das Durcheinander und letztendlich entstanden daraus die Uneinigkeiten. Aus dem Paradies wurde schließlich ein Jammertal - ein Ort des Leides - aber der göttliche Urfunke konnte nicht zerstört werden. Das bedeutet ganz konkret als erster Schritt in die richtige Richtung: „Zurück zu einer rein pflanzlichen Landwirtschaft und somit auch zu einer rein pflanzlichen Ernährung."

Die Gentechnik – Saat des Bösen

Ein neues Reich öffnet sich, wohl dann!
Wohlgesinnt, voller Wärme, voller Licht. Als dann, es zerbricht!
Zum jenen Tage wieder aufersteht!

Ein Einheitsmensch braucht Einheitsmedizin und Einheitsessen, um zu funktionieren. Deshalb soll nach dem Willen der verantwortlichen Wirtschafts-Elite die Artenvielfalt in jeder Hinsicht eliminiert werden. Wenn du einer Fremdbestimmung unterliegst, kannst du nicht mehr so handeln, wie du wirklich willst. Ihr Bestreben ist es, die Urinformation des Lebens auf dieser Erde mit Hilfe der Gentechnik zu verändern.
Eines ihrer wichtigsten Ziele ist hierbei die Vermehrung der Ausbeutung auf diesem Wege zu erreichen. Die jetzigen Pflanzen, Tiere und Menschen würden sich dadurch verändern, um Ihren Zwecken besser zu genügen. Sie können in die Saat des Bösen alles hineinbauen, alle Informationen mit dem Hauptzweck der absoluten Beherrschung.

Sie, die wahren Wahnsinnigen, streben eine Alleinherrschaft über die Erde an, um alles zu **IHREN** eigenen Bedingungen zu gestalten. Sie missachten die Urinformation des Allmächtigen Schöpfergeistes der Alleinheit und so sind sie zu seinen Gegenspielern geworden. Sie haben es mit ihren Strategien ziemlich leicht, können Sie doch auf die in den meisten Menschen ruhenden Eigenschaften der Ignoranz und leider auch der Gier nach „Mehr“ zählen. Dazu gehört auch der Landwirt, der ihre Gen-Aussaat bereitwillig annimmt, mit dem Argument, er hätte keine Wahl, weil er seine Existenz nicht gefährden möchte. So macht ein jeder sein eigenes Spiel, was von der göttlichen Idee der Gemeinschaft, des miteinander Lebens, des sich gegenseitig Unterstützens abweicht und sie aber letzten Endes ohnmächtig werden lässt. „Sie“ sind größenwahnsinnig und verantwortungslos, wagen sich an ein Gebiet heran, das für die Menschen tabu sein sollte. Ihre Wissenschaftler und Forscher meinen die Wahrheit der Mutter Natur überlisten oder in ihrem Wahn sie noch an Weisheit übertrumpfen zu können, um sie letztendlich zu beherrschen. Ich kann euch sagen, das wird niemals funktionieren. Denn wie gesagt, die Erde als Einheit will leben, und zwar zu ihren Bedingungen. Da hat der Mensch der Gott spielen will, schlechte Karten.

In jedem Fall solltet ihr euch davor hüten, Gen-Ware zu kaufen geschweige sie selbst anzubauen und zu verkaufen. Boykottiert sie wo ihr nur könnt. Denn da kommt etwas auf euch zu, dem ihr dann nichts mehr entgegensetzen könnt. Das ist dann so, als ob eine Atombombe bereits entzündet ist, die ihr dann auch nicht mehr stoppen könntet und die Auswirkungen werden sich dann ohne Gnade zeigen. Doch dann ist es zu spät für Reue. Also wehrt euch jetzt klar und deutlich gegen diesen Wahnsinn!

Bitte beachtet: Es herrscht ein Druck auf dieser Welt, der nicht von ungefähr kommt. Verursacht wird er von jenen, die einen Profit daraus schlagen wollen, gleichgültig um was es sich handelt. Bei der Gentechnik handelt es sich um eine Tatsache, die schon vor langer Zeit abgesprochen wurde. Ihr erklärtes Ziel ist, es soll nur noch eine Bestimmer-Gruppe geben, die es ganz alleine in der Hand hat, was die Menschen und auch die Tiere zu essen bekommen. Hier befinden sie sich im Irrtum, denn auch sie würden es nicht in der Hand haben, da es letztendlich ausarten und eine Veränderung herbeiführen würde der gesamten urangelegten genetischen Struktur des menschlichen Lebensmoleküls, mit allen spezifischen Aussagen, die es ihm ermöglichen, sein Leben auf der Erde und vor allem mit der Erde verbringen zu können.

Sagt ein deutliches „Nein" zu diesem verantwortungslosen Experiment, denn mehr ist es nicht, denn sie wissen nicht was sie tun. Aber das stört sie nicht besonders. Zu groß ist die Gier nach Macht und nach Profit. Ein völlig unfreier Mensch, der überhaupt keine eigenen Entscheidungen mehr treffen könnte, würde daraus entstehen. Denn eines seiner grundlegenden Bedürfnisse, sich am Leben zu erhalten, seine Nahrungsaufnahme, würde fremdbestimmt werden. Er wäre ausgeliefert und somit noch mehr abhängig als es ohnehin bereits der Fall ist. Aber derartige Entscheidungen, über den Kopf von vielen Menschen hinweg, die noch wissen, was gut und was schlecht für sie ist, konnten nur getroffen werden, weil die Menschheit in sich uneinig ist. Massiver Widerstand wird sofort im Keim erstickt und die Mehrzahl der Menschen sieht ruhig gestellt zu, bis es zu spät ist. Bedenkt, ihr müsst es letzten Endes ausbaden, es bleibt euch nicht erspart. Ihr lebt nicht nur ein einziges Mal. Das zu glauben, ist ein schwer wiegender Irrtum und kann euch zum Verhängnis werden. Also handelt, ehe es zu spät ist. Kehrt zurück zu einem Leben mit der Natur und nicht gegen sie.

Das ist schon sehr sonderbar! Erst wenn es ihm selbst an den Kragen geht, beginnt der Mensch oftmals erschrocken aufzuwachen. Es kommen dann Fragen hoch wie: „Ja, was geht denn da vor, außerhalb meiner kleinen Egowelt? Da braut sich was zusammen und ich habe es nicht bemerkt, weil ich irgendwie dachte, das betrifft ganz bestimmt nicht mich!" Erst jetzt erkennt er, dass er sich getäuscht hat, weil er vergessen hatte, dass er nicht alleine in dieser Welt lebt, sondern mit allen gemeinsam Ursache und Wirkung erlebt!

Der Gesundheitsbereich

Hier handelt die „Elite“ ebenfalls nach ihren bewährten Grundlagen. Sie hat absolut kein Interesse daran, daß die Menschen es lernen, ihr Leben in natürlicher Gesundheit zu verbringen, weil ihr Profit dann zu gering ausfallen würde. Das ist auch einer der Gründe, warum sie anstreben die Naturmedizin entweder zu verbieten oder aber als Monopol in ihren Händen zu halten, um wiederum den Markt zu beherrschen. In allen Ländern der Erde mit einem existenten Krankenkassensystem hätten dann die Kassenpatienten keine Wahl mehr, ihren angebotenen Produkten zu entgehen. Es sei denn, sie würden die bessere natürliche Alternative selbst bezahlen. Letztendlich könnte nur noch derjenige profitieren, der es sich finanziell auch leisten kann und das würde nach ihren Plänen nur derjenige sein, der zu ihnen gehört und für sie arbeitet! Die armen Länder dieser Erde sind ihnen noch mehr ausgeliefert.

Es geht mir nicht darum, die Medizin im ganzen zu verurteilen, denn die Naturmedizin greift auf die Grundinformationen der Apotheke von Mutter Erde zurück. Greift bitte nicht gleich zur chemischen Keule, wenn es euch mal nicht so gut geht. Lernt wieder eure Selbstheilungskräfte zu aktivieren und Verantwortung für euer Leben zu übernehmen. Ich möchte hier aber betonen, dass die Degenerierung der Urinformationen für das Leben auf diesem Planeten weit fortgeschritten ist. Deshalb ist es für Personen, die bereits zu schwach sind, um sich dem entgegenzustellen, besser, gleichzeitig eine verantwortungsvolle natürliche medizinische Versorgung in Anspruch zu nehmen.

An dieser Stelle möchte ich noch auf ein weiteres dunkles Geschäft, den Organhandel im großen Stil, zu sprechen kommen. Wenn ein Mensch aus reiner Liebe und nach persönlicher Absprache seinem Nächsten ein Organ spenden möchte, so beruht diese Entscheidung auf freier Willensentscheidung. An dieser Stelle ist es sehr wichtig, folgendes zu wissen: Die Seelenpersönlichkeit im Körperkleid ist hier, um ihre ureigenen Erfahrungen zu machen und diese sind dann gespeichert in jeder einzelnen Zelle des Körpers und Gemüts. Fremdinformationen über ein transplantiertes Fremdorgan sind grundsätzlich als sehr gefährlich einzustufen. Hinzu kommt, wenn die Spenderpersönlichkeit diese Ebene verläßt, gehören zu ihrer Vollständigkeit auch alle ihre gespeicherten Erfahrungen, die sie im Leben gemacht.
Könnt ihr euch vorstellen, was es bedeutet, wenn ein Organ mit seinen gespeicherten Informationen nun in einer anderen Seelenpersönlichkeit weiterexistiert, die bis dahin ein ganz anderes Lebensprogramm erfahren hat? Und erdgebundene umherirrende Seelen suchen nach ihren Informationen, denn sie konnten keinen Abschluß finden. Organhandel geht es auch wieder um die Wirtschaft, denn es wird sehr viel Geld damit gemacht. Die „Gierigen" haben sich einen zusätzlichen florierenden Handelsbereich erschlossen. Das Geschäft mit dem Tod - die totale Vermarktung

des Menschen! Das hat rein gar nichts mit Nächstenliebe zu tun und das sollte euch allen ganz klar sein. Um es nochmals klar auszudrücken, ihr seid keine schlechten Menschen, wenn ihr kein Organ spendet.

Erinnert euch daran, ihr seid hier auf der Erde, um in eurem Bewusstsein weiter zu wachsen und nicht, um als Sklaven zu dienen.

Die Macht der Pharmaindustrie

Die Pharmaindustrie hat sich zu einem gigantischen, gewinnträchtigen Wirtschaftsbereich entwickelt. Bezugnehmend auf ihre Produktentwicklung werden in ihrem Namen und Auftrag Forschungen an wehrlosen Geschöpfen durchgeführt und danach folgen weitere Studien an menschlichen Testpersonen, um ihre Ware dann als wirksam und erprobt an die Masse zu verkaufen. Wenn ihr hier genau hinsehen und euch informieren würdet, außerhalb der offiziellen Medien, könntet ihr erkennen, dass etwas nicht stimmig ist, was die Pharmaindustrie und die Medikamentenversorgung für die Bevölkerung angeht. Es wurden sogar von Seiten bestimmter Regierungskreise Aussagen getroffen, das hier nicht die Regierung das Sagen hat, sondern die Lobby der Pharmaindustrie, das Großkapital. Es wird nicht davor gescheut, Krankheiten künstlich zu erschaffen, um daraus anhaltenden Profit zu erhalten.

Was die Forschung anbetrifft, darf es nicht sein, dass eure „Art-Verwandten" für euer vermeintliches Wohl oder den Fortschritt leiden müssen. Es gibt in der heutigen Zeit alternative Möglichkeiten zur Forschung, das könnt ihr mir glauben. All das ist schon längst erwiesen, wird aber nicht angewendet, weil es nicht genug Gewinn für die Gierigen abwirft. Es macht außerdem absolut keinen Sinn, an anderen Spezies herausfinden zu wollen, wie ihr Menschen von Krankheiten geheilt oder davor bewahrt werden könnt. Das Naturwesen in euch will erleben, eigene Erfahrungen machen und sich auch mit Krankheiten konfrontieren, die auf ihn zukommen. Der Sieg darüber bedeutet, es hat eine neue Erfahrung gemacht und kann sie als Erbinformation weiter geben. Es bringt euch absolut nichts, wenn ihr euch davor drückt, neue Erfahrungen als Spezies zu machen, indem ihr andere Lebensformen dafür benutzt wie Sklaven und deshalb sind lebenswichtige Erfahrungen verloren gegangen. So einfach ist das. Nur indem ihr euch selbst den Herausforderungen stellt, könnt ihr erfolgreich Resistenzen gegen alle neu auftretenden (natürlich entstandener) Angriffe auf das Gesundheitssystem eures Körpers aufbauen, die ihr mit in die Lebensinformationskette eurer Spezies einflechten könnt.

Denkt daran: Infolge eurer Wiedergeburt könnt ihr selbst von euren vergangenen Erfahrungen profitieren!

Epidemien und Schutzimpfungen

Ihr könnt doch nicht mehr verleugnen, dass immer neue krassere Formen der Bakterien- und Viren-Angriffe auf euch erfolgen. Die Frage ist nur: „Wo kommen sie her und wie sind sie entstanden und wurden bzw. werden sie vielleicht sogar von jemandem erschaffen und gesendet?“ Ich meine, das kann nicht so einfach pauschalisiert werden. Die Quellen sind sicherlich verschieden und gemischt.

Die sogenannten Schutzimpfungen, die euch einen Schutz vor Massenkrankheiten und Seuchen bieten sollen, sind in meinen Augen nicht nur wertlos, sondern wegen ihrer Inhaltsstoffe sogar gefährlich. Sie können zudem eure natürlichen Lebensinformationen verändern, die in eurem Erbgut angelegt sind. Schaut euch in diesem Zusammenhang auch die gesetzlich vorgeschriebenen oder empfohlenen Impfungen sehr kritisch an. Wie verhalten sich die zuständigen und verantwortlichen Politiker? Woher wollt ihr wissen, ob sie die Wahrheit sprechen? Viele Stimmen sind zwischenzeitlich zu hören, die ganz anderes aussagen. Ist es wirklich ratsam, denjenigen von ihnen, die offensichtlich die Unwahrheit gesagt haben, weiter Glauben zu schenken, was ihre weitere politische Tätigkeit anbetrifft?

Es ist jedoch eine sehr mutige Aufklärungskampagne von Seiten kompetenter Menschen in diesen Zeiten zu verzeichnen gewesen. Sie wurden zwar sofort in das Lager der Verschwörer geschoben, aber es entwickelte sich dann eine breite Front der Ablehnung gegen eine massiv „angebotene“ Impfung, die sogar von seriösen

Medizinern und öffentlichen Medien unterstützt wurde. Hört sie an und hört auf euer Herz! Dann werdet ihr wissen, was zu tun ist! Denkt an eure Kinder und auch an euch! Eure Kinder können sich nicht dagegen wehren, wenn ihr Erwachsenen sie nicht davor schützt. Es bleibt euch aber nicht erspart, euch eigenständig und verantwortungsbereit mit dem vermeintlichen Sinn oder Unsinn der Impfungen auseinander zu setzen! Also, solltet ihr euch alle darin üben, mal in die neutrale Stellung zu gehen, um dann für euch selbst überprüfen und erspüren zu können, wo für euch die Wahrheit zu finden ist. Auf Seiten der sogenannten Verschwörerseite oder auf Seiten der öffentlichen offiziellen Seiten.

Die meisten von euch neigen leider dazu, lieber jenen zu glauben, die eurer Meinung nach genau wissen, was für euch gut ist, weil sie sich als kompetent darstellen. Ihr gebt allzugern eure Eigenverantwortung an die „Obrigkeit" ab, denn dieses erscheint wesentlich einfacher, als sich die Zeit zu nehmen und genau zu schauen, was da los ist. Das erscheint auch viel einfacher. Ihr gebt die Eigenverantwortung an sie ab, weil die schließlich wissen müssen, was sie tun und was für euch gut ist. Und abermals sage ich euch: „Nein, sie wissen nicht was sie tun!" Macht euch bewusst was wirklich zählt und erwacht in diesem Augenblick eures Lebens. Sagt ganz gezielt „Nein" zu allem, was mit dem Leid von Menschen, Tieren und der Natur zu tun hat! Ihr solltet aufhören, euch einfach alles zu nehmen, was ihr wollt. Bedenkenlos konsumiert ein großer Teil der Menschen alles was angepriesen wird von einer Lobby, der es nur um ihren Gewinn geht. Wenn ihr das nicht glauben wollt, werdet ihr es fühlen müssen und zwar am eigenen Leib.

Natürliche oder künstliche Klimaveränderung?

Jammern und Klagen, im Wahn untergegangen, unentwegt, lauert das Tier, mit großem Hunger, mit großem Maul und riesigen Augen, umklammert es jenen Ort, das sein Grab werden wird!

Die Feigheit und die Ignoranz, verbunden mit dem Herdentrieb, doch nicht aus der Reihe tanzen zu wollen, um nicht ausgegrenzt zu werden, gehören zu den dunklen Eigenschaften der Menschheit. Da geschehen sekündlich unfassbare Dinge neben euch in der Welt und die meisten von euch ignorieren es einfach. Sie wollen lieber in ihrer bequemen Stellung bleiben und die Unbequemen unter euch haben es meist sehr schwer. Gerade unter diesen könnten sich lichtvolle Engel verbergen, die aus wahrer Liebe eine menschliche Persönlichkeit angenommen haben. Sie agieren über ihr höheres Bewusstsein und haben sich ihre untrügliche Intuition erhalten. Vor allem aber sind dies Menschen, die sich aus der vorherrschenden „Geht mich nichts an - Stimmung" befreit haben und denen ihre Umwelt und auch ihre Mitmenschen nicht gleichgültig sind. Dafür nehmen sie Beleidigungen, Ächtung und oftmals auch Verbannung, wie es schon in allen Zeitaltern auf dieser Erde der Fall war, in Kauf. Dafür könnte ich unzählige Beispiele aus Vergangenheit und Gegenwart vorbringen. In früheren Zeiten bereits wurden diese mutigen Menschen verfolgt, gefoltert und auch ermordet. Oftmals hat sich erst viel später herausgestellt, dass sie eben mit ihrer Meinung absolut recht hatten!

Es geschehen auf der gesamten Erde massive klimatische Veränderungen. Das Wetter scheint verrückt zu spielen. Doch es ist allen Regierungen dieser Welt bekannt, dass das Klima sich dramatisch verschlechtert hat, jedoch nicht von selbst. Nun ist es so, dass es sich hierbei um Wirkungen handelt, deren Ursachen nahezu wiederum von ihnen und nicht den normalen Menschen gesetzt wurden. Dazu gehören z. B. die zahlreichen unterirdischen aber auch anderweitig durchgeführten Atombombentests, die gnadenlose Ausbeutung der Natur, die weltweite Abholzung, die Vertreibung der Tiere und auch der Naturvölker von ihren natürlichen Lebensräumen. Hinzu kommt, daß das Industriezeitalter einen sehr hohen Verbrauch von fossilen Brennstoffen mit sich gebracht hat, was bedeutet, daß die von der Erde abgegebene Hitzestrahlung in den Weltraum stark behindert wurde.

Die Verantwortlichen reden über einen besorgniserregenden Klimawandel. Doch sie sprechen nicht davon, wie dieser ausgelöst wurde und vor allem nicht, was sie tun könnten, um hier wirksame Abhilfe zu schaffen. Sie waschen ihre Hände mal wieder in Unschuld. So schicken sie einige ihrer Vasallen raus in die Öffentlichkeit, um sogenannte „wissenschaftlich belegte Wahrheiten" unters Volk zu bringen. Gleichzeitig wird das, was sie sagen, untermauert mit Demonstrationen, die bewusst Angst machen sollen. Schaut her, überall Wetterkatastrophen! Sie wollen euch suggerieren, dass die Erde eure Feindin sei!
Tatsächlich versucht die Erde ihr Gleichgewicht wieder zu erlangen und das ist ganz natürlich, dass sie das tut, denn sie ist darauf ausgerichtet. Aber was jetzt in dieser Form geschieht, ist nicht auf natürliche Ursachen zurück zu führen, sondern auf betrügerische

Handlungen der „Gierigen Elite“ dieser Welt. Sie verfolgen damit ihr primäres Ziel, das Wetter, die Natur und somit auch die Menschheit vollkommen zu beherrschen. Hierzu benutzen sie u. a. verschiedene Mittel, wie nachfolgend aufgeführt.

Die künstliche Manipulation des Wetters

Die Natur, die bislang immer noch alle freien Wesen geschützt und ernährt hat, ist jetzt Gegenstand von massiven Angriffen seitens dieser skrupellosen „Elite“ geworden.
Das Wetter beherrschen zu können und somit auch die Elemente, war schon immer der Wunschtraum aller verblendeten Magier! Und um diese geht es auch hier. Diese heutigen Magier, auch Wissenschaftler genannt, sind machthungrig und sie verbinden sich mit den „Gierigen“ und somit ist eine sehr ernstzunehmende Seuche entstanden, die vor nichts halt macht. Machthunger und Geldgier machen blind. Es ist in erster Linie eine Aufgabe für die Menschheit im Ganzen, sie aufzuhalten. Was ist euch eure Freiheit und eure Würde wirklich wert?

Es ist die Wahrheit, wenn ich sage, dass bereits seit längerer Zeit überall in der Welt vor allem durch das Militär Wetterversuche durchgeführt werden. Der Mensch träumte schon immer davon, die Naturgewalten beherrschen zu können und dem Militär war es ein Dorn im Auge, dass Kriege oftmals durch das Wetter entschieden wurden. Doch es kommt noch etwas sehr wichtiges hinzu: Wer das Wetter beherrscht, hat auch die wirtschaftliche Macht in den Händen und kann es z. B. dort gezielt regnen lassen, wo die riesigen Saatfelder der Gen-Befürworter liegen. Andere Gebiete hingegen könnten durch diese einseitige Wassergabe unfruchtbar werden, weil sie austrocknen würden.

Wer die Nahrung der Menschen kontrollieren kann, hat sie in der Hand. Genau das ist das Endziel der hochmütigen Elite - die totale Unterwerfung der Menschheit als auch der Natur über ihren Hauptarm, das Militär, zu erreichen. Sie wollen der Erde ihre Bodenschätze entreißen, koste es was es wolle und hierzu brauchen sie die Macht über die Naturgewalten. Und dort wo Menschen ihnen im Weg sind, haben sie keine Skrupel durch gezielte Wetterbeinflussungen diese Regionen unbewohnbar zu machen oder sie verschaffen sich einen gewaltsamen Zugang, wie es mit den Polargebieten der Fall ist. Die armen Länder sollen nach und nach ausgelaugt und entvölkert werden. Wer kann noch in einem Land leben, das es nicht mehr zulässt auf ihm leben zu können, weil es zuvor absichtlich zerstört wurde. Hier geht es um richtig viel Geld und vor allem darum, wer letzten Endes die Erde besitzen wird. Wenn es nach ihrem Plan geht, dann haben „Sie" die Erde bereits unter sich aufgeteilt, die Reichen und die Mächtigen auf dieser Welt.

Um ihren Plan voranzutreiben, begannen sie mit einer Kampagne, mit der sie ganz gezielt Halbwahrheiten in die breite Masse hinein streuten. Es wurden u. a. Begriffe wie Ozonloch, steigende CO2-Werte, Klimaerwärmung und Apokalypse gewählt, die der schockierten Öffentlichkeit präsentiert wurden.
Es wurde ein starkes Schuldgefühl geschürt mit der Aussage, dass

die Menschen nahezu alleine für diese Katastrophe verantwortlich seien. Überbevölkerung auf der Seite der armen Länder und Verschwendungssucht auf der reichen Seite waren weitere Anklagepunkte. Das waren Gründe genug, um neue massive Steuereinnahmen bzw. Sonderausgaben zu erfinden und einzuführen, die dann angeblich zur Rettung des Planeten Erde verwendet werden sollen. Ich sprach von Halbwahrheiten und damit meine ich hier ganz klar, natürlich ist ein jeder Mensch, der auf dieser Erde lebt mitverantwortlich für den Erhalt dieses wundervollen Planeten. Doch ihr müsst in diesem Zusammenhang wissen, dass die verantwortlichen Politiker sich voll darüber bewusst sind, dass sie es zuvor zugelassen haben, dass auf der Erde zahlreiche wahnsinnige Experimente stattfinden konnten. Anfangs wurde dadurch die zuvor noch intakte Schutzschicht um die Erde verletzt und das untere Magnetfeld durcheinander gebracht. Das war nur der Anfang! Schlimmeres folgte. Leider glauben diese Verantwortlichen den wissenschaftlichen Studien, die ihnen von den „Gierigen" vorgelegt werden. Sie besagen u. a., dass es durch die gezielte Manipulation der Sonnenstrahlung möglich wird, die Erderwärmung zu stoppen, abzukühlen und somit das Schlimmste zu verhindern. Und dafür sind sie bereit viel Geld an die Anbieter und die vermeintlichen Retter zu bezahlen. So haben die Verantwortlichen an den Machtpositionen es den „Gierigen" leicht gemacht, ihnen ihre Produkte zu verkaufen.

Sicherlich da beginnt wieder eine Halbwahrheit zu wirken! Zum einen haben sie ein echtes Problem was den Zustand der Erde anbetrifft, zum anderen werden ungeniert Wettermanipulationen seit langem vorgenommen aber ohne es den Menschen mitzuteilen und zu erklären, was da im einzelnen gemacht wird. Es wird alles vorsorglich und vorsätzlich vertuscht. Zu diesem Zweck wurden Mittel wie Mindcontrol und absichtliche Verschleierung benutzt. Wenn ihr hier an das Beispiel des Trojanischen Pferdes denkt, wird euch sicherlich klar, was geschah. Sie schoben etwas für alle sichtbares vor, doch dahinter verbirgt sich etwas anderes, was für euch alle letzten Endes zum Super-Gau werden kann. Dieses Prinzip wird ohnehin sehr gerne von ihnen angewandt, um Gesetze durchzubringen, ohne dass es die Masse der Menschen billigt. Leider werden sie dabei unterstützt durch viele Regierungen auf dieser Welt und eure unwissenden und wissenschaftsgläubigen Mitmenschen. Dabei werden die Aufgaben, die auf das Militär und die Industrie hinsichtlich der Drosselung bzw. Vermeidung von fossilen Brennstoffen entfallen, absichtlich ausgeblendet. Diese Maßnahmen würden sie viel mehr Geld kosten als es die Beeinflussung über die Verdunkelung der Sonne der Fall ist. Auch hier werdet ihr absichtlich belogen.

Alle Menschen, die hier aufklären wollen, werden von ihnen als Verschwörer und Volksaufhetzer benannt, weil sie sich trauen mit ihrem Wissen und ihrer Meinung in die Öffentlichkeit zu gehen. Mutige Menschen, die gegen den herrschenden Strom schwimmen, haben es immer noch schwer und nicht selten werden sie in das Lager der Esoterik geschoben. Die Esoteriker, ja die sind ja diejenigen, die ihren Mitmenschen einen Floh ins Ohr setzen und war nicht auch Hitler ein Esoteriker? Da geht's dann oft sehr schnell mit Aussagen wie z. B. Esoterik gehört zur rechten Schiene. Da frage ich euch, was ist denn eine rechte und eine linke Schiene? Wer gehört zu welcher? Oder es wird gesagt, der oder die hat einfach zu viel Zeit, sollte lieber arbeiten, dann hätten sie nicht so dumme Ideen oder „Arbeit macht frei". Macht Arbeit wirklich frei? Oder bindet sie euren freien Geist und hindert ihn am Durchblick? Wer hat diese Aussagen in diese Welt gebracht? Was wäre, wenn die Verschwörer gar keine Verschwörer wären und wenn nicht sie die Volksverhetzer sind, wie das System sie gerne nennt? Und habt ihr schon mal ernsthaft darüber nachgedacht, was denn wohl diese Verschwörer davon hätten, euch was falsches zu erzählen? Werden die dadurch reich? Könnte es nicht auch umgedreht sein?

Ich will jetzt auf die verschiedenen technologischen Methoden der Wetterkontrolle kurz eingehen. Auch hier empfehle ich euch die Verantwortung durch eigenes Wahrheitssuchen in die Hand zu nehmen.

Die Verdunkelung der Sonne

Das primäre Ziel der Ausführenden ist es, vorrangig die Kraft des Sonnenlichtes einzudämmen und die lebenswichtigen ultravioletten Strahlen durch eine künstliche Abschirmhaube zurückzuhalten. Natürlich wird auch hier ein anderer Grund vorgegeben und die breite Öffentlichkeit wird noch nicht einmal darüber informiert.

Nun ist es aber bereits vielen von euch aufgefallen, dass Flugzeuge neben ihren normalen Kondensstreifen, die sich mit der Zeit von selbst auflösen, diese Chemie-Streifen produziert haben, die sich dann mit den natürlichen Luftschichten vermischten. Hierbei handelt es sich um Metalloxyde die dafür sorgen sollen, dass möglichst viel der überhöhten Hitze in den Weltraum zurückfließt, da sie diese in Infrarotwellen umwandeln sollen. So würde eine Abkühlung stattfinden können. Gleichzeitig würde die Sonneneinstrahlung vermindert werden, was zu einer nochmaligen Erhöhung des Kühlungseffektes führen würde. Dies ist die Version der „Gierigen", die sie nach außen gaben.

Das Ausbringen von Chemtrails bedeutet weiter, die Wolken mit unsichtbaren Nanopartikeln und Eiskristallen zu impfen. Wolken haben die Angewohnheit zu ziehen. Aber genau diese Eigenschaft wird benutzt mit gezielten Injektionen, die mit einer Riesenspritze verabreicht werden, um bestimmte Wolken zu impfen mit den Informationsperlen, die mit der Zeit immer präziser wurden. Zwischen den natürlichen Wolken könnt ihr künstliche Wolken sehen, die dann diesem Zweck dienen. Die Wolken sind so manipuliert worden durch eine gezielte Vermischung mit gezielten Sprühaktionen von künstlichen Wolken und somit ist alles aus dem natürlichen Gleichgewicht gefallen. Die künstlichen Wolken haben eine innere Struktur sich anzuziehen. Diese Anziehungskraft wirkt ähnlich dem Magnetismus und sie sorgt dafür, dass sich die künstlichen Wolken über die natürlichen hinweg suchen und sich zusammenziehen in eine zusammenhängende weissliche bis graue Masse. Von außen sehen diese Schichten täuschend echt aus. Unechte und echte Wolken oder unnatürlich und natürlich. Ein geübtes Auge kann das eine vom anderen unterscheiden und zwar zum einen durch die unechten Neonfarben. Die natürlichen Farben konnten sie nicht nach machen. Sie haben sie imitiert und den meisten Menschen fällt das nicht auf, denn für sie zählt: „Es kann nicht sein, was nicht sein darf." Wenn ihr aber genau hin seht, sieht das Unechte immer so aus, als wenn die Sonne durch ein über sich liegendes Gewabere zu sehen ist. Ihre Strahlen scheinen nur noch diffus unter dem künstlichen Wolken-Schleier hervor. Diffuses Licht und nicht mehr lebendige Lichtfäden mit unterschiedlicher Länge und Strahlintensität. Die Sonnenstrahlen werden dadurch gebrochen. Das Licht wird gebrochen! Somit kann es nicht mehr seine ursprüngliche lebensfördernde Kraft vollständig weitergeben. Dies hätte katastrophale Folgen für alles Leben auf der Erde.

Setzt euch mal an einem heißen Tag unter ein abgedunkeltes künstliches Dach. Ihr glaubt zwar, ihr sitzt im Schatten und dennoch ist es schwül und stickig, ohne Sauerstoff und nicht weniger warm. Nur viel unangenehmer, als wenn ihr euch unter einen Baum setzt, dessen Blätterdach euch vor der zu prallen Sonneneinwirkung schützt. Hier fühlt ihr euch sicher wesentlich wohler. Warum? Das eine ist unecht – künstlich – wie tot, das andere ist echt, natürlich und lebendig. Genauso verhält es sich mit dem künstlichen Wolkendach. Leider können nur wenige Menschen den Unterschied wahrnehmen. Die anderen lassen sich täuschen durch dieses Ähnlichkeitsprinzip nach dem alle Fühlwesen leben und handeln. Die Menschen werden absichtlich getäuscht, um sich nicht aufzulehnen und zu protestieren gegen die willkürlichen Machenschaften derer, die glauben, das Recht und die Macht dafür zu haben, um alles zu beherrschen nach ihrem Gutdünken.

Haarp

Mutter Erde kommuniziert mit all ihren Bewohnern ständig über ihre natürlichen elektromagnetischen Resonanzfrequenzen. Diese haben einen bedeutenden Einfluss auf das gesamte Weltklima aber auch auf das menschliche Bewusstsein sowie auf alle anderen Lebewesen. Die Erde und das menschliche Gehirn schwingen mit gleicher Frequenz. Allerdings reagiert das Gehirn auch auf alle als „passend" empfundenen Schwingungen, also Frequenzen, die ihm von außen zugeführt werden. Leider ist dieses Wissen in die Hände der „Gierigen" gefallen, und sie haben es zu ihren Gunsten eingesetzt. Sie wussten, dass sich die Erde in eine höhere Schwingung versetzen würde und dieser Transformationsweg würde gleichzeitig allem Leben, das sie beherbergt, zur Verfügung stehen. Das wollten sie mit aller Macht verhindern, denn wenn das menschliche Bewusstsein dadurch plötzlich aufwachen würde, wäre es in der Lage, alles wahrzunehmen, was um ihn herum tatsächlich geschieht.

Ihre Wissenschaftler erschufen eine Technologie, die es ermöglichte, diese Schwingungswellen zu manipulieren und sie setzten diese ganz bewusst ein, allerdings ohne die breite Masse darüber zu informieren. Diese Haarp-Wellen sind in der Lage das Bewusstsein zu verwirren und zerstören die Urkommunikation zwischen der Erde und ihren Kindern. Naturkatastrophen, Erdbeben und Unwetter können dadurch ganz gezielt hervorgerufen werden. Doch diese Technologie vermag noch viel mehr destruktives zu leisten, wie z. B. das menschliche Bewusstsein in eine von ihnen gewünschte Richtung zu steuern, ohne dass es auffallen würde.

Bei den bereits existierenden Haarp-Antennen-Anlagen handelt es sich um Militärischen Einrichtungen und sie sind mittlerweile nahezu in der ganzen Welt aufgebaut. Wer diese natürlichen Wellen technisch manipulieren kann, ist auch in der Lage das Wetter zu beherrschen und so will kein Land auf dieser Erde der Verlierer im Wetterkrieg sein. Die Lobby, die dahintersteckt, arbeitet weltweit zusammen. Doch unter sich machen sie sogenannte Muskelspiele, sie zeigen was sie haben und können, damit jeder von ihnen sieht, was dem anderen möglich ist zu tun.

Weitere Wege der Vernichtung

Weltweite Zerstörung der NATUR

Es ist sehr tragisch, dass die Urwälder der Erde immer massiver beschädigt und die Tiere, die dort zu Hause sind, ihrer Lebensgrundlage beraubt werden. Die folgende wahre Geschichte ist ein Beispiel für das marode Gedankengut von angstbesessenen Menschen, die sich ihrer Angst ergeben haben. Es ist ein Fall unter vielen und sehr bezeichnend für einseitig egoistisches Handeln. Eine friedliche Orang-Utan Mutter wollte nur für ihr Baby etwas Obst in einem Dorf holen, weil sie außerhalb nichts mehr gefunden hat infolge Zerstörung ihres natürlichen Lebensraumes und gnadenloser Verdrängung ihrer Art. Die Menschen, die im Grunde genommen ihre Geschwister sind, haben sie gequält und dann brutal ertränkt! Bestialisch und grausam ist dieses Verhalten. Die Heimat dieser Tiere und zahlreicher anderer Arten wird einfach für Palmöl, Kokainanbau und das Futter für die Rinderzucht zerstört. Aber das ist nur ein kleines Beispiel für die durch Menschen gemachte Vernichtung der Natur. Gerade der Urwald ist eine kostenlose Apotheke mit unbezahlbaren Schätzen und nicht nur das, er ist die grüne Klimaanlage unserer Erde. Unberührte Natur mit riesigen Bäumen und unzähligen Pflanzen haben ihn einst ausgezeichnet. Es ist unstreitig: Bäume binden riesige Mengen an CO2 weil sie es während ihres Wachstums aufnehmen. Das hat mit ihrem Stoffwechsel zu tun. Chlorophyllhaltige, das heißt, blattgrünhaltige Pflanzen können unter Einwirkung des Sonnenlichtes aus CO2 und Wasser organische Substanzen bilden. Sie entziehen dabei der Luft Kohlendioxid, lagern es ein und setzen gleichzeitig Sauerstoff frei. Da könnt ihr euch gut vorstellen, was geschehen wird, wenn die Urwälder weiter zerstört werden. Ein intakter Kreislauf wird unterbrochen und im schlimmsten Fall zerstört. Wenn es euch nicht gelingt dieses massive Verbrechen zu verhindern werdet ihr am Ende alle die Leidtragenden sein. Betrachtet hierzu die Handlungsweise eurer zuständigen Politiker: Auf der einen Seite wird lautstark, scheinheilig darüber debattiert, dass es einen Klimawandel gibt, der u. a. auf die Erhöhung der CO2-Werte zurückzuführen sei, auf der anderen Seite wird nahezu nichts von den zuständigen offiziellen Stellen getan, um hier Abhilfe zu schaffen. Alles was sie können, ist dafür zu sorgen, dass immer mehr Steuern erhoben werden. Ich würde sagen, hier stimmt etwas nicht! Es wäre von Vorteil, wenn ihr euch folgenden Fragen jetzt ganz bewusst widmen würdet: „Warum wird das dann nicht ganz verboten von den zuständigen Regierungen dieser Welt? Warum wird es zugelassen, dass tagtäglich intakte Natur und der Wohnort vieler Tierarten und auch Menschen, zerstört wird?

Was die Abholzung anbetrifft, ist es zum größten Teil die Groß-Industrie, die hier am Wirken ist. Ihr erinnert euch, sie verbrauchen fossile Brennstoffe! Hinzu kommen Brandrodungen und Brandstiftungen, die von Einzelnen oder von Interessengruppen verursacht werden. Es wird subtil verbreitet, das es ja meist die bösen Bauern sind, die Brandrodung mitten im Urwald betreiben. Die sind die Schuldigen und ihr seid es, die Auto fahren und Licht brennen! Die Sündenböcke sind schnell gefunden! Natürlich kommen wir nicht umhin, sehen zu müssen, dass überall in der Welt das Handeln den „Kleinen Mannes" ebenfalls viel zu oft durch puren Egoismus gesteuert wird. Auch hier im kleinen Format werden überall bedenkenlos wertvolle Baumbestände vernichtet, um zum Teil als Brennmaterial im Ofen verfeuert zu werden oder aber Straßen, Häusern und anderen baulichen Maßnahmen weichen zu müssen.

Das Ölgeschäft (fossiler Brennstoff) ist eine weitere gigantische Einnahmequelle, die seit langer Zeit schon ununterbrochen sprudelt und es wird nach immer neuen Vorkommen gesucht. Wie oft schon sind Natur-Katastrophen ausgelöst worden durch Tankschiffe, die Öl transportierten oder durch unsichere Bohrinseln? Dabei scheint es keine Rolle zu spielen, ob dafür Natur, Menschen und Tiere zu Schaden kommen, Hauptsache der Profit stimmt. Welche Rolle spielen hier die zuständigen Regierungen dieser Welt? Wo sind ihre Gesetze, die euch und eure Erde schützen sollten? Denn wie wollt ihr ohne eine intakte Natur überleben? Schaut euch hierzu das tägliche Gerede der Verantwortlichen in eurer Welt ganz unvoreingenommen und neutral an. „Wer in dieser Welt bestimmt, wo es langgeht. Wer hat was zu sagen. Was verbindet sie an äußeren Merkmalen. Welche Werte sind jetzt am wichtigsten. Und welche Werte werden euch als Normen übergeben. Was zählt mehr, die Wirtschaft oder die Belange der Natur. Wo rangieren die Tiere in dieser Werteliste. Könnt ihr wirklich mitreden und mitentscheiden, ihr, das einfache Volk, wenn es um für euch alle wichtigen Fragen geht. Oder ist alles nur Schein. Könnt ihr am Ende gar nichts mit entscheiden, obwohl ihr euch bemüht?"

Die Rohstoffreserven des Planeten werden weiterhin nahezu ungehindert geplündert, wie es einst die „Abtrünnigen" begonnen hatten. So ist es zu befürchten, dass ihre Nachkommen nichts dazu gelernt haben! Ein weiterer begehrter fossiler Rohstoff ist das Erdgas. Um es zu finden, wird im großen Stil Haarp eingesetzt. Wie es funktioniert und was es bewirken kann, habt ihr bereits erfahren. Ist es vielleicht auch für Erdbeben, Tsunamis oder hierfür verantwortlich? Massen von Vögeln fielen tot vom Himmel - Tonnen von Fischen tot an den Strand gespült - Massensterben von Walen, Delphinen, Pelikanen und Pinguinen. Oder gibt es einen anderen Grund dafür? Ein physisches Trauma? Stress? Aber wodurch und wie wurde es dann ausgelöst? Deutet dieses auf den ersten Blick für viele Menschen mysteriöses Phänomen auf eine bevorstehende Apokalypse hin? Ich sage hier, gewissermaßen ja, aber in einer anderen Form als es euch vermittelt wurde. Da geschieht nicht etwa etwas, durch „Gott" ausgelöst, nein, durch die „Gierigen"! So einfach ist das.

Dennoch, wie konnte es dazu kommen?

Die Ursache dafür ist ein unnatürlicher Zustand der gewohnten irdischen Materie. Ich spreche hier von einer natürlichen Materiebeschaffenheit. Die Elemente Wasser und Luft bestehen wie die Erde aus materialisierten Molekülen.

Das Erdmagnetfeld mit deren Frequenzen die Vögel beim Fliegen normalerweise in einer Kommunikation durch körpereigene Sensoren stehen, einem Kompaß ähnlich, war erheblich gestört und verändert worden durch Fremdeingriff von außen. Die Vögel wurden hier wie die Menschen getäuscht. Sie sind in eine Front hineingeflogen, die jetzt aus anderen Molekülen bestand, als die natürlichen, die sie gewohnt waren. Die Tiere hatten keine Zeit, sich auf eine veränderte Funkwellenbeschaffenheit einzustellen. Sie wurden plötzlich damit konfrontiert und verloren ebenso plötzlich ihre Orientierung und Wahrnehmungssinne. Sie gerieten in Panik und einen Schockzustand und haben somit urplötzlich vergessen zu fliegen und somit sind sie abgestürzt wie ein Stein. Ähnlich erging es den Fischen! Auch die vielen gestrandeten Wale haben sich nicht von selbst verirrt und sind deshalb rein versehentlich zu nahe an die Strände geschwommen! Diese Tiere wurden oftmals durch immense Mikrowellenhitze verletzt und tauchten panikartig zu schnell auf und verloren die Orientierung.

Eine große Katastrophe, wie jetzt im Jahre 2012 in Peru und auch Russland geschehen, die den Tod von unzähligen Meeresbewohnern forderte, wurde nach der altbewährten Methode der schockierten Öffentlichkeit präsentiert. Die zuständigen Behörden begannen mit einem „Rätsel“, das sie nun mit Hilfe ihrer Forschungsinstitute aufklären wollten! Oder ist es nicht so, dass schon von vornherein feststeht, um was es geht, dies aber verheimlicht wird? Meist ist es ein neuer böser Virus, der dann als der Sündenbock herhalten muß. Doch wo kam er her, wenn es ihn denn gibt? Hintergrund: In Peru als auch in der Ukraine wird großflächig nach neuen Gasvorkommen gesucht. Wie kann am schnellsten und wohl auch kostengünstigsten ein Erdgasvorkommen, oftmals in unbekannter Tiefe der Erde verborgen, gefunden werden? Haarp-Einsätze? Welche Nebenwirkungen kann der Einsatz von Haarp mit sich bringen? Es kann u. a. zu einer erheblichen Störung des Erdmagnetfeldes führen. Wie orten sich Delphine, Wale, und Vögel?

Neben Haarp werden vom Militär für ihre Projekte aber auch von der industriellen Großfischerei und den bekannten Erdschatzräubern „Sonarwellen“ eingesetzt. Das sind hochfrequentierte Töne, die im Wasser eingesetzt werden, um Vorkommen von Rohstoffen als auch Fischschwärme zu orten. So ganz nebenbei wird dann den Tieren, die auf den Verzehr von Fischen, Krabben und auch Krill angewiesen sind, die Lebensgrundlage gestohlen. Sie müssen verhungern oder aber werden vertrieben und schwimmen orientierungslos in ihr Verderben hinein.

Die tödliche Jagd aus reiner Profitgier heraus, auch wenn dieses Motiv durch verschiedene scheinheilige Ausreden vertuscht wird und Deckmäntelchen diese grauenhaften Taten verbergen, ist ein Verbrechen an der Schöpfung Gottes. Die Meere werden gnadenlos ausgebeutet und ihre natürlichen Bewohner werden vertrieben oder getötet wider besseres Wissen. Intelligente Lebewesen, zu denen auch die zu Unrecht gefürchteten Haie gehören, werden hier aus minderwertigen und niederen Motiven umgebracht. Doch gerade mit den Walen und Delphinen, die ermordet werden, rottet der Mensch seine ältesten Brüder aus. Weisheit und das Urwissen um das Leben auf der Erde verschwinden mit jedem getöteten Wal nach und nach aus der Lebensstruktur der Erde. Stellt euch vor ihr habt ein Gewebe erschaffen und wenn ihr die Struktur zerstört, indem ihr einzelne Teile einfach herausbrecht, geht die Erinnerung verloren, wie alles ursprünglich aufgebaut wurde. Wenn diese verloren ist, seid ihr nicht mehr in der Lage zu reparieren. Es bleibt zerstört, bis es sich letztendlich auflöst. Diese Riesen tragen die Lieder uralten Wissens in sich. Wenn sie für immer verstummen, hätte das fatale Folgen für euch alle. Haltet die Wahnsinnigen auf, mit allen Mitteln, die euch zur Verfügung stehen. Hierzu müsst ihr wissen, es gibt nur eine Form für das Leben auf der Erde. In der Urform ist alles Leben miteinander verbunden. Es wird sich unweigerlich auf alle auswirken, was dem einzelnen Grundelement angetan wird oder was es erfährt. Erfahrungen werden auf alle gleichsam verteilt. Dazu kommt das individuelle Bewusstsein des einzelnen Lebewesens hinzu. Persönliche Erfahrungen können hier durch nichts ersetzt werden. Die Erde ist ein Erfahrungsplanet, alles muss auch praktisch umgesetzt werden. Fällt z. B. eine hochentwickelte Seele wieder zurück in seine niedere Ursprungsform, so kann er sich nur wieder weiterentwickeln durch den Ausdruck einer Verkörperung in dieser niederen Form. Aus Mensch kann wieder Tier werden. Das ist eine Wahrheit, die vielen nicht schmecken wird. Deshalb hütet euch davor, ein anderes Leben als minderwertig oder als weniger wert anzusehen.

In Peru steht zudem eine skrupellose Plünderung des Erdgases, auch in bisher unberührten Urmenschengebieten bevor. Zuständige Ministerien und wirtschaftliches Interesse arbeiten in altbewährter Manier zusammen. Kommt euch dieses nicht sehr bekannt vor? Es ist die Handschrift der „Gierigen“ und ihrer Vasallen. Vertuschung und Korruption reichen sich die Hand. Doch wie steht es um die Abnehmer - die Hehler? Welche Länder nehmen die Ware dieser Räuber an? Lasst euch nicht mehr täuschen, wenn euch vorgemacht wird, dass ihr auf diese angewiesen seid und alles im Grünen Bereich wäre.

Die Handschrift der Meister der Manipulation ist deutlich zu erkennen. Daraus resultiert auch u. a. der Hang innerhalb der menschlichen Gesellschaft zur Vermischung von Angsttreiberei und Verharmlosung, was zu einem explosiven Gemisch werden kann. Denn die Wahrheit, die dazwischen liegt, wird von den meisten Menschen nicht wahrgenommen.

Hier ist die fehlende Übernahme von Eigenverantwortung eines jeden von euch zu erkennen. Hinterfragt alles, was euch vorgesetzt wird, laßt euch nicht abspeisen von fadenscheinigen Argumenten. Allzu leicht laßt ihr euch täuschen, weil euch dieses besser erscheint, als den Dingen wirksam und unbequem auf den Grund zu gehen. Ihr neigt dazu auf die Unbequemen unter euch sogar noch böse zu sein, weil sie Hindernisse darstellen, die nicht in eure manipulierte Seite passen. Ignorieren, nicht hinsehen, aber dann mit Panik zu reagieren. Und dann allem zuzustimmen, was euch wiederum als Lösung von diesen Machern vorgesetzt und angeboten wird, was aber dann zur Fremdbestimmung durch sie führen wird. Denn der Mensch neigt dazu, einmal erworbenes nicht mehr hergeben zu wollen. Gesetze, die erfüllt werden, um sich selbst zu dienen, geben diese nicht mehr her. Also handelt selbst, seid unbequem, stellt Fragen und kontrolliert dann, ob etwas wirklich umgesetzt wurde, um das ihr zuvor gebeten habt.

Euch kann es ebenfalls so ergehen, wie der Natur und den Tieren, wenn ihr diesem Wahnsinn weiterhin tatenlos zuschaut und darauf hofft, dass die Verantwortlichen schon alles richtig machen und für euch sorgen. *Wacht auf!*

Durch all die zuvor beschriebenen Methoden, des künstlichen skrupellosen und leichtfertigen Eingreifens in den perfekten Kreislauf der Natur ist aber noch folgendes nahezu unbemerkt geschehen. Euer natürlicher Lebenskreislauf, mit dem ihr mit dem Herz der Erde verbunden seid, ist immer mehr durcheinander gekommen.

Das Immunsystem schwächelt und psychischer Stress (siehe Vögel, Fische, Wale, usw.) stellt sich in immer neueren Formen ein. Die gewohnte Ordnung der Gezeiten ist stark gestört und ist somit durcheinander gekommen. Die Antennen der Erde zum Kosmos wurde sabotiert und ihre Anbindung soll gekappt werden. Das bedeutet, das fühlende Wesen im Menschen ist gereizt, denn alles auf das es sich orientiert hat, ist verbogen. Die Erde soll losgelöst werden aus ihrer Verankerung zur kosmischen Ordnung und neue andere Impulse erhalten. Das wirkt sich auf alles Leben auf der Erde sehr negativ aus. Für das Missempfinden sind feine subtile Ströme zuständig. Das ist so, als wenn ihr auf einer

Sanddüne langgeht und diese sich ganz fein unter euch bewegt. Der Untergrund, bzw. der vermeintliche, auf dem ihr zu stehen glaubt, bewegt sich in feinen Strömen und eure Lebensposition verändert ihren Standpunkt. Damit geht eine gewisse Ruhelosigkeit einher, die wiederum danach verlangt, euch einfach ausruhen zu wollen. Das sind Phasen zwischen Traum und vermeintlicher Realität und diese Trennung wird sich immer mehr und nahezu unmerklich aufheben. Viele Menschen sind verunsichert, wenn sie hier Gefühle und Verstand zusammen bringen wollen. Der fühlende Wille riecht förmlich Gefahr und der Verstand sucht nach vernünftigen Erklärungen. Es scheinen schlüssige Beweise zu fehlen und so ist es sehr schwierig zur Wahrheit vorzustoßen.

Ich erinnere alle die meine Botschaft lesen daran, dass ihr in jedem Fall wieder lernen solltet, auf euer Herzzentrum und die Stimme eurer Intuition zu hören!

Auch wäre es sehr förderlich zu lernen, übergeordnet zu denken und danach zu handeln, um verstehen und erkennen zu können. Vergesst bitte niemals, dass hinter noch so einer schlechten Sache immer ein Sinn steht. Sucht neutral nach diesem und ihr werdet erkennen. Das ist zwar für sehr viele Menschen im Moment noch schwierig und erscheint oftmals nahezu unvollziehbar. Der Verstand ist programmiert und dominiert über die Intuition und so glauben die meisten von euch nur das was ihr hört und seht und dazu gehören auch die Erklärungen von so manchen Experten, denen ihr aber nicht so ohne weiteres vertrauen solltet!

Christoph / Bildzeichnung: Klarheit

Wege der Heilung und Befreiung

Der Lichtcode
Das Fragment: Selbstliebe

Schlummernd und verborgen, in dieser Welt, wird es sich erheben, aus dem Nebel des Vergessens, denn es wird gerufen werden. Oh glänzender Schrein offenbare dich!

Die Zeit der Visionsmanifestierung beginnt. Und zwar für einen jeden von euch. Das geschundene und versklavte Fühlwesen wird sich mit Hilfe der kosmischen Urmutterenergie befreien. Die Schwingungen, die sich überall auf der Welt bemerkbar machen, sind die Vorboten.

Ich sage jedem einzelnen von euch, fange bei dir selbst an und zwar auf der Stelle. Denk nicht mehr darüber nach. Die Zeit drängt, sie wird knapp. Besinne dich darauf, dass du ein geliebtes Kind der Erde und des Geistes bist. Dein Fleisch gehört zu dir, verweigere nicht länger dir selbst die Treue, die Hingabe und segne dich in deiner Gesamtheit. Sage nicht, das gehört zu mir, aber jenes nicht, sondern sehe dich im Ganzen an, so wie du gerade bist. Wenn du auf eine Waage steigst, wird diese auch dein Gewicht im Ganzen anzeigen und nicht nur einen Teil deines Kopfes, deines Armes, deines Beines wieder geben. Nein, insgesamt wird das Gewicht auf der Waage erscheinen.

Halte dich ruhig und gebe dich dem Gefühl hin, ohne dass du es alleine agieren lässt. Sei sanft wie eine liebevolle verständnisvolle Mutter zu dir selbst und alles wird auch so in Liebe und Sanftheit verlaufen. Nehme dich in Liebe an, so wie du gerade bist. Sage dir: „Ich selbst habe das geschaffen, was ich jetzt vor mir sehe im Spiegelbild. Also will ich mich nicht verurteilen, sondern ich sage mir vielmehr: So, das bin ich also und das was mir nicht so gut gelungen ist, sollte ich ändern."
Denn auch das obliegt deiner Aufgabe hier auf dieser Ebene. Du kannst erschaffen, also fange endlich damit an. Sorge dafür, dass was du von dir im Spiegelbild siehst, dich befriedigt und beglückt. So wird es auch die Göttliche Präsenz erfreuen, dich so zu sehen. Denn im Gegensatz zu dir, wertet sie nicht, nein, sie wird dich insgesamt ganz neutral auf die Waage des Lebens stellen, und wird dich im Ganzen annehmen.

Nun glaube aber nicht, dass du dich nur in deiner äußeren Form ansehen sollst, so wie die meisten Menschen es heutzutage tun. Nein, du sollst dein Spiegelbild deines „Wahren Selbst" ansehen. Und das gelingt dir nur, wenn du deine Seelenaugen öffnest, um dich unvoreingenommen zu betrachten. Also, wie gesagt, es ist allerhöchste Zeit, dich selbst zu betrachten, um fortzuschreiten in deiner Entwicklung. Labe dein Herzzentrum mit dem Glauben an die Heilung, die dir zuteil wird, wenn du dich öffnest für die Liebe, die dir zufließen will aus dem Kanal des liebenden göttlichen Geistes, der überall ist, der nur darauf wartet, von dir angenommen zu werden.

Die innere Versöhnung

Jubelnd und erhobenen Hauptes, beschwingt vom Herzensschrein, rein, rein, glänzender Schein, befreie mich, mögest du immer an meiner Seite sein!

Doch es gibt noch eine weitere großartige Möglichkeit, die euch zur Verfügung steht, um zu erwachen und vor allem um erwachsen zu werden! Es ist die Versöhnung zwischen dem Abtrünnigen-Anteil, der den Verstand bzw. „Intellekt" bestimmt und dem Urmenschen-Anteil der für das Unbewusste, somit „Gefühl/Wille" steht.

Es ist nun mal geschehen, der logische Verstand ist ein Fremdkörper und doch ist er zu einem Teil von euch Terra-Menschen geworden. Ihr könnt ihn nicht von alleine heraus reißen, denn mit was wolltet ihr das Loch, dass dann entstanden wäre, wieder schließen? Aber ihr könnt ihn unter den Befehl eures göttlichen Willen stellen! Wie fühlt sich das an? Der Verstand wird seine bisherigen Aufgaben, nämlich an der vermeintlichen realen Welt festzuhalten und dort einen festen Standpunkt einzunehmen, verändern müssen bzw. diese Aufgabe wird dann nicht mehr so wie bisher gewohnt existieren. Mehr darüber jetzt zu wissen, wäre nicht förderlich.
Deshalb sage ich ganz deutlich: „Du, lieber Verstand lasse es zu, dass du dein Gefühl als ebenbürtig ansiehst und dem göttlichen Selbst die Führung überlässt. Vertraue und habe eine Vision, gepaart mit der des Gefühls im Auge." Vorab aber ist es notwendig

zu verstehen, dass der Geist viel schneller ist als die Materie. Vergeßt bitte nicht, ihr seid jetzt in einem organischen Materiekörper zuhause. Bis etwas diese Materieschichten durchdringt, dauert das seine Zeit!

Der Denk-Anteil muss aufhören damit, den emotionalen Urmenschen-Anteil zu verachten und stattdessen lernen, ihn als gleichberechtigten Partner anzusehen, um mit ihm zusammen in das höhere Friedensbewusstsein aufsteigen zu können. Der Tieranteil wollte anfangs einfach nur überleben. Zuerst geschah das völlig friedlich. Erst als der Abtrünnigenanteil der kalten emotionslosen Berechnung dazu kam, entstand der körperliche Einzeltod.

Obwohl ich schon viel über Manipulationen gesprochen habe, möchte ich, im Wege der persönlichen aufklärenden Befreiung, nocheinmal darauf zurückkommen.

Was eine Manipulation primär beinhaltet ist die Täuschung über die wahre Realität, sozusagen ein Täuschungsmanöver mit zu Hilfenahme der Bilder und der Worte. Visuelle Suggestionen treffen das Gemüt und den Verstand gleichzeitig. Es wird immer wieder dasselbe aufgezeigt und dadurch eine gewollte Zermürbung herbeigeführt. Offizielle Nachrichtenzentralen geben verschlüsselte Botschaften weiter. In den zuvor präparierten Inhalten stecken bewusst falsche, irreführende und verwirrende Codes, die das Auge und das Gehirn gezielt treffen. Ohne dass der Mensch sich darüber bewusst ist, bildet sich in ihm eine Meinung, die nicht die seine ist. Doch mit der Zeit kann er dann nicht mehr unterscheiden, was seine eigene ist. Er hat sich so einnehmen lassen für die Kampagnen derer, die damit einen ganz bestimmten Zweck verfolgen: Allgemeine Verunsicherung, Entzweiung, Angst und Verwirrung! Hierfür sind zwar ganz direkt die Manipulationsmeister der „Grausamen" zuständig, aber sie agieren über ihre irdischen Handlanger. Das sind wiederum die zuständigen Politiker und deren Befehlshaber, die Wirtschafts- und Geldmacht dieser Welt. Viele menschliche „Egos" sind deshalb regelrecht schizophren und wahnsinnig geworden. All das könnte nicht funktionieren, hätte der Terra-Mensch nicht schon eine Anlagen-Bereitschaft in sich, die sich verknüpfen lässt mit dieser gezielten Beeinflussung.

◆

Im Grunde genommen legen „Sie" alles offen, was sie tun und ihr Betrug ist ganz öffentlich. ***Das ist der Trick.*** Hierzu müsst ihr wissen, alles was das Auge wahrnimmt hat es zuvor sozusagen fotografisch erfaßt bzw. abgelichtet, um es dann zur Auswertung weiterzugeben. Dies kann nur in der Sehgeschwindigkeit geschehen. Es hat gelernt, sich zu fokussieren. Also legt es die eigentliche Handlung, jene also, die nicht als solche wahrgenommen werden soll, in eine andere Sendefrequenz ein, die entweder eine zu schnelle Schwingung besitzt, oder eine zu langsame, weil der Fokus auf etwas vor/gleichzeitig gelegt wird, das als Hauptereignis dann wahrgenommen wird. Ist zwischen Gefühl und Verstand Frieden eingekehrt, kann der Abtrünnigen-

Denkanteil sich wieder an seine geistigen Fähigkeiten anbinden und ist dann in der Lage, die Technologie-Taktik, die dahinter steckt, zu durchschauen. Er kann seinen emotionalen Körper dann dazu anleiten, nicht auf die Täuschung herein zu fallen.

Weitere Möglichkeiten zur persönlichen Befreiung

In eurer heutigen Welt zu leben, ist wahrhaftig nicht leicht. Verschiedene Gebiete auf der Erde bergen auch die verschiedensten Probleme, die von Menschen alleine geschaffen wurden. Alles was zuvor intakt war, ist jetzt aus den Fugen geraten. Der Himmel weint. Betrübt und unsicher sieht es in den Herzen vieler Menschen aus. Wie konnte es dazu kommen, dass die einen von euch zerstören und andere bauen es wieder auf. Einige Menschen verfolgen und töten die Wale, die anderen retten sie, wenn sie gestrandet sind. Der Hauptmasse ist es aber egal geworden, was da so geschieht. Denn die Betrübtheit hat ihre Schatten in ihre Herzen geworfen und Resignation ist daraus entstanden. Wisst ihr wie sich diese auf alles auswirken kann. Nein? Dann stellt euch eure Welt vor, wie sie mit Schlammmassen einfach überschüttet ist. Das habt ihr schon mal gesehen. Nach einem Erdrutsch, der Geröllmassen mit sich zog, die dann auf die Häuser, Gärten, Mensch und Tier fielen. Oder wenn ein Lavastrom erkaltet ist und hat alles Lebendige unter sich begraben. Resignation ist gleichzustellen mit Zerstörung: Die einen führen sie aus und die anderen lassen es zu, weil sie nichts tun.

Ein jeder von euch sollte sich fragen: ***„Welche persönliche Freiheit habe ich und wie kann ich sie jetzt anwenden?“*** So rate ich dringend einem jeden von euch: *„Schaffe zuerst in deinem eigenen Bewusstsein dieses Sklavenprogramm ab. Schalte es einfach ab und erstelle ein neues Programm, das es ersetzen wird. Du formst damit deine Realität und somit deine Zukunft. Befreie dich von allen Verleugnungen!“*

Holt euer Kapital aus den Händen der Banken und Investmentfonds und investiert es in die Gemeinschaft der Zukunft. Damit ist aber keinesfalls gemeint, dass sich nun die Reichen zusammen schließen sollten, um so unter sich zu bleiben. Nein, sondern alle Menschen, die persönlich geistig wachsen und zum wahren Sinn der Menschheit sich hin entwickeln wollen. Nehmt die Schwachen aus euren Reihen in eure Mitte und zeigt uns, dass ihr verstanden habt, was einen Menschen, der die bedingungslose Liebe leben will, ausmacht.

Ihr seid nicht alleine und es gibt Hilfe. Ihr wisst ja jetzt bereits, dass viele lichtvolle Wesen hier auf der Erde, aber auch außerhalb eures jetzigen Sehvermögens leben, die ihren Dienst aus reiner selbstloser Liebe heraus tun. Diese wirken mit ihren lebenserhaltenden entgegen den zerstörerischen Kräften dieser dunklen Mächte. So ist eine Befreiung möglich, doch es wird nicht so sein, wie oftmals erwartet in der Geschichte der Menschheit.

Das Beispiel Jesus Christus:
Mein geliebter Bruder wurde als der Messias von seinem damaligen Volk erwartet, der sie von der römischen Tyrannei befreien sollte. Er kam und wollte ihnen die einzige Freiheit, die es gibt, die Freiheit des Persönlichen Geistes, bringen. Sie erkannten es nicht, weil sie blind darauf ausgerichtet waren, die Befreiung in der Form zu erleben, wie sie es gewohnt waren. Gewalt sollte durch Gewalt aufgelöst werden. Das ist aber ein Gesetz das nicht funktioniert. Ursache und Wirkung, das Gesetz des Universums ist es, das einzig und allein zuverlässig wirkt. Gewalt bringt Gewalt und Frieden bringt Frieden zurück.
Die meisten von ihnen haben nicht verstanden, was Jesus ihnen sagen wollte. Er sprach stets davon: „Befreie dich von deinem dir innewohnenden üblen Geist, der nach Rache und Gewalt dürstet und wende dich der Liebe zu." Doch sie wollten nichts selbst tun, sondern vielmehr sich befreien lassen.

Was euch jetzt anbetrifft, ist es dasselbe Spiel. *Wartet nicht, bis euch jemand befreit, seien es Außerirdische, sei es eine Armee oder sei es ein Guru.* Lernt zu verstehen, was Jesus wirklich meinte.

Gehen wir einmal davon aus, dass eure Gesellschaftsform nicht als erfolgreich anzusehen ist, was die Weiterentwicklung der Wahren Menschlichen Rasse anbetrifft. Das sehen wir daran, dass Werte wie Toleranz, Mitgefühl, gegenseitiges Verständnis und Unterstützung - ohne die gleichzeitige Schaffung von Abhängigkeit - immer mehr auf der Strecke geblieben sind. Ganz zu schweigen von fehlendem Respekt den Tieren und der Natur gegenüber. *Die Würde des Lebens wird mit Füßen getreten.*

Es ist höchste Zeit für die Vision einer anderen Zukunft im Sinne wahrer Menschlichkeit, getragen von selbstloser Liebe anstelle von Habgier. Ihr achtet darauf, dass ihr nicht nur euer eigenes Leben und das eurer Familie fördern möchtet, sondern ihr leistet einen persönlichen Beitrag für eine bessere Welt für alle. Eine Gemeinschaft, die ein friedliches Miteinander aller Erdbewohner ohne Ausbeutung und Konkurrenzdenken ermöglicht. Jedes Wesen respektiert den Lebensraum des Anderen und niemand hat mehr als er zum Leben braucht. Lebt in friedlichen Gemeinschaft mit euresgleichen, den Tierwesen und Mutter Natur. Erweist auch als würdig, in einem Paradies leben zu dürfen. Lasst euch nicht länger verdummen, nehmt euch Zeit für euch selbst. Leben bedeutet nicht lebenslang zu schuften, sondern vor allem sich selbst zu lieben und seine Nächsten. Fangt bei euch selbst an, beginnt mit eurer Freizeit, benutzt sie, um in die geistige Stille zu tauchen und beginnt ganz klar zu denken. Jeder Mensch sollte die Zeit dafür haben, sich in sich zurückziehen und mit seiner höheren göttlichen Intelligenz kommunizieren zu können. Das bedeutet vor allem einfach Zeit für seinen „freien Geist" zu haben. Aber genau dieses ist vielen von euch einfach nicht möglich oder es wird euch verlernt, mit dem Ziel, dass möglichst keiner aufwacht und bemerkt, was da so läuft in seinem Leben.

Jeder Einzelne von Euch trägt die eigene Verantwortung, was aus ihm selbst und seinem Umfeld werden wird. Ihr selbst formt jetzt eure eigene Zukunft. Gebt die Verantwortung auf gar keinen Fall ab. Es geht um eure Rasse. Ihr seid nun mal die Nachkömmlinge der Kreuzung. Aber das bedeutet auch, dass die ursprünglichen Anteile des Urmenschen und des

Abtrünnigen friedlicher Natur waren. Das eine war ein emotionales Wesen und das andere ein brillanter Vernunftträger.

Es könnte etwas Großartiges daraus entstehen: *„Ein göttlicher, erleuchteter Mensch“, wenn ihr euch dem Lichtcode vollkommen hingebt.*

◆

Die Zurückgewinnung des Lichtcodes

Wie ihr ja bereits wisst, hat der „Göttliche Rat der Drei-All-Einheit“ vor langer Zeit bereits beschlossen, die Menschen, die mit dem Lichtcode der Allianz verbunden sind, teilhaben zu lassen am Wissen um die unsterbliche Quelle der Liebe. Das will die „Dunkle Allianz“ und alle ihre Nachkommen, die sich vom göttlichen Licht abgewandt haben, immer noch mit aller Macht verhindern. Sie wollen die Menschen nicht akzeptieren und weil sie diese verachten, setzen sie ihre verschleiernden Kräfte offensiv ein, damit diese nicht erwachen sollen! Doch diejenigen der Terra-Menschen, in denen sich die Anlage des Lichtcodes positiv entwickelt hat, werden von uns auf ihrem Weg der Bewusstseinserweiterung liebevoll unterstützt.

Es ist leider eine traurige und unumstößliche Tatsache, dass der Lichtcode in den Erdenmenschen stark verdunkelt und durch elektromagnetische Stürme und Steuerungen so arretiert wurde, dass er bei der Mehrzahl der Menschen nicht mehr in der Lage ist, die Verbindung zur Lichtwelt aufzunehmen. „Sie" haben ihn durch Arretierung regelrecht verblockt. Immer ausgefeiltere Störmanöver versuchen die Verbindungen mehr und mehr zu unterbrechen. Aber der Lichtcode, verbunden mit der Unsterblichkeit, kann nicht zerstört werden! Er ist der Garant auf ewiges Leben, denn was im Namen der Göttlichen Präsenz gegeben wurde, auf das könnt ihr euch verlassen. Es sei denn, ihr selbst löst euch von ihm ab und seid so nicht mit seiner Liebe verbunden. Niemand kann euch diesen abkaufen und niemand kann sich ihn erkaufen.

Merkt euch:
Wenn gesagt wird, tu dies, tu das wider den freien Willen deines Nächsten und töte im Namen „Gottes", dann ist es die Sprache des falschen Gottes!

So ist auch die Verdunkelung der Sonne bereits eine Maßnahme der „Dunklen Allianz", mit der Absicht, weiterhin die Macht über den Menschen zu haben. Sie wollen verhindern, dass aus dem Tiermensch, für den sie euch halten, ein Geistmensch werden kann. Aus diesem Grund versuchten sie eine Gegenströmung zu produzieren, indem sie die wärmenden und lebensfördernden Strahlen der Sonne verdunkelten. Dadurch machten sie aber alles nur noch viel schlimmer, denn die Fühlweseninstanz im Menschen ist ungemein gereizt, weil es sich regelrecht bedroht fühlt.

Noch lassen sich die meisten Menschen ablenken durch Medikamente, Alkohol und bewusstseinsdrückenden Drogen, obszönen Spielen und sexuellen Ausschweifungen und indem sie an noch schwächeren ihre Frust auslassen. Doch das zieht sie immer weiter runter und macht sie noch gefährlicher. Es kann eskalieren und die Verursacher wissen, dass sie die Massen nicht mehr aufhalten können. Deshalb werden sie immer mehr zu ruhigstellenden Drogen, die Menschen lenkbar machen sollen, greifen.

In dieser Zeit haben die verantwortlichen „Abtrünnigen" eine letztmalige Chance bekommen, ihr astrales Licht, die Lichtsubstanz zurückzuholen. Dafür war es erforderlich, um diesen Zweck erfüllen zu können, einen menschlichen Körper hier auf der Erde anzunehmen. Deshalb sind auch viele der ehemals „Abtrünnigen" der Anfangszeiten in Körper zurückgekehrt, um ihren Brüdern und Schwestern, die noch in Menschenkörpern leben, dabei zu helfen, sich ihres Lichtcodes zu erinnern. Dieser ist ein Schatz und Eigentum des Universums. Deshalb wird er niemals gänzlich untergehen, aber eine einmalige Chance, nämlich die Auflösung und Erlösung aus dem Kreislauf von Leid und Tod heraustreten zu können, wird dann vertan und das Licht weiterhin gefangen sein.

„Äonen werden vergehen, ehe es zu einer nochmaligen derartigen Chance aus Gnade heraus kommen wird."

Die „Abtrünnigen" mit der „Dunklen Bruderschaft" gepaart, haben ein schlechtes Gewissen, weil sie zuvor zugelassen haben, das die schützende Ozonschicht der Erde durch Wahnsinnige als Forscher getarnt, verletzt wurde. Diese haben anfangs Sprengungen mit gewaltigem Explosionsausmaß über und unter der Erde durchgeführt. Sie wurden selbst getäuscht und haben sich aus Machtgier heraus darauf eingelassen. Es ging dabei wieder um Ausbeutung. Hierzu müsst ihr wissen, daß viele ihrer Nachkommen hier auf der Erde leider immer noch dasselbe tun, wie die „Abtrünnigen" es zu Anfang praktizierten, nämlich die Gesetze des Friedens zu brechen und sie säen Gewalt, stehlen und verändern Lebensformen. Hier schließt sich der Kreis bezugnehmend auf geheime Wettermanipulation!

Es gibt einen geheimen Pakt zwischen den „Abtrünnigen" und den „Grausamen", dessen Existenz ich euch nicht vorenthalten möchte. Darin geht es um die nachfolgende Formulierung der „Grausamen", mit der sie ihre Paktpartner in Schach halten. Sie lautet: „Ehe der Planet, die Erde, ganz auseinander bricht, und dann habt ihr universelles Eigentum vernichtet, helfen wir euch. Wir setzen unsere überragende Technologie ein, ihr opfert „Kreuzungen" und das Klima wird sich erholen und der Planet Erde wird bewohnbar bleiben. Dafür gestattet ihr uns, dass mehr von unserem Volk hier leben können. Die „Terra-Menschen" habt ihr doch selbst erschaffen, also wird euer Gott es euch vergeben, wenn ihr mit unserer gemeinsamen Maßnahme die Erde erhaltet. Eure Macht werdet ihr auch behalten und wir weiten uns zusammen mit euch aus in andere Sternensysteme, laßt uns ruhig machen."

So würden diejenigen aus den Reihen der verantwortlichen „Abtrünnigen" in Kauf nehmen, dass Milliarden der Menschen sterben könnten, um so zum einen ihren Fehler korrigieren zu können. Dies war für sie die Ur-Tat, die „Kreuzungen" zu erschaffen und mit ihnen die Erde zu bevölkern. Zum anderen glaubten sie wie auch ihre Verbündeten, dadurch die Technologie von den „Grausamen" zu erhalten, um angeblich diese Erde zu retten und sich in den Weltraum ausdehnen zu können. Die „Abtrünnigen" haben nicht erkannt, dass das niemals gut gehen kann. Die „Grausamen" und ihre Handlanger haben nicht das Wissen der Erschaffer dieser Erde.

Ihr müsst als eine Menschheit aufstehen und ihnen die Macht über euch aus den Händen nehmen. Steht jetzt auf und wehrt euch gegen die wahren Verursacher allen Leides auf dieser Erde. Öffnet eure Augen und Ohren und laßt euch nicht mehr täuschen. Lernt genau hinzusehen, was da um euch herum geschieht. Durchbrecht ihr System der Sicherheit, das sie aufgebaut haben im Laufe der vielen Jahre, die sie an der Macht waren. In diesem System gibt es Schwachstellen, die gilt es herauszufinden und das ist nicht besonders schwer. Verbindungsglieder, welk gewordene Balken, faules Holz und verdorrtes Füllmaterial. Alles beginnt jetzt zu bröckeln. Dies geschieht ganz von alleine, und alles was ihr jetzt machen müsst, ist es aufzudecken. Bringt es in die Öffentlichkeit, öffnet der Gesellschaft die Augen, konfrontiert sie mit der Wahrheit. Diese bedeutet eine gewisse Gnadenlosigkeit, die sich damit ausbreiten wird, zumindest sieht es so aus. Denn es wird keine Alternativen geben, die etwas verharmlosen oder beschönigen können, wie es bisher der Fall war. Klarheit wird ablösen, was vertuscht wurde. Ihr werdet es erleben.

Seid euch darüber bewusst, sie, die „Grausamen" sind Maschinen gleich, ohne Gewissen. Sie wollen die Erde, wie ihr sie kennt und euch, die ihr Anwärter auf ein ewiges Leben, verbunden mit euren Brüdern und Schwestern außerhalb eures jetzigen Sehvermögens seid, vernichten. Sie setzen ihre Technik gegen die Natur zerstörerisch ein. Das ist die Wahrheit. Aber sie wird von ihnen verkauft als ein Segen. Die Atomkraftwerke auf der Erde sind gleichzusetzen mit Atombomben, denn der Mensch kann sie nicht beherrschen. Schreckliche unberechenbare Superwaffen wurden von ihnen bereits erschaffen. Nach außen werden vor allem nützliche friedliche Vorschauobjekte gezeigt, um zu verwirren, z. B. die Windräder, um Strom zu erzeugen. Sie täuschen absichtlich und die Technik wird einseitig und als harmlos und sogar als Schutz dargestellt. Sie versuchten schon immer sich die Erde untertan zu machen, doch das haben sie bis jetzt nicht geschafft, denn sie können nicht nachmachen, was das göttliche Erbgut erschaffen hat. So, was sie nicht schaffen, wollen sie ganz vernichten, Das ist ihre Absicht. Sie nennen sich die Master. „Ich bin dein Herr und Meister", ist ein Ausspruch von ihnen.

Unser „Höchster Göttlicher Rat" wird das nicht länger zulassen. Sie haben das Maß der Toleranz jetzt überschritten, denn die Erde ist nicht ihr Eigentum und nicht ihr Planet. Es werden jetzt starke Offensivkräfte auf der Erde herrschen, die sie beschützen und alle, die mit dieser Macht auf derselben Ebene schwingen. Das Experiment, den Lichtcode zu vermischen mit einer anderen Spezies kann so nicht länger fortgesetzt werden. Zuviel Leid und Missverständnisse haben es begleitet und es ist jetzt immer noch so, dass eine vollkommene Wandlung aus sich heraus als nahezu unmöglich erscheint. Trotz unendlicher Wiederkehr der Seele in erneute Materiekörper wurde bisher nicht verstanden, bis auf zu wenige Ausnahmen, welche Chancen eine Wiedergeburt jedem einzelnen von euch geschenkt hat. Deshalb wird ein jeder in der Formebene leben dürfen, die er sich ausgesucht hat und weil das ohne jegliche Selbsttäuschung und Täuschung von anderen geschehen wird. Das ist die einzige Möglichkeit, die Evolution in neuen Schwung zu versetzen. Wann das sein wird, werdet ihr vorher nicht wissen. Nur es wurde euch gesagt, damit ihr es euch bewusst machen könnt. Nun ist es so, dass der einzelne Mensch sich entscheiden muss, wo will er hingehören. Wie will er sein Menschsein leben? Will er mit den Werten der geistigen Welt in Liebe und gegenseitiger Achtung mit allem was da lebt, in friedlicher Gemeinschaft leben oder will er sein Regiment weiter so ausleben, als Diktator über alle seine Mitwesen und über die Mutter Natur? Entscheidet euch, denn ihr werdet es müssen. Was wollt ihr sein und wo wollt ihr leben? Es läuft ein Ultimatum ab!

Ich erinnere euch an dieser Stelle an jene Adresse, die euch immer noch wohlwollend gesinnt ist, auch wenn die Geduld zwischenzeitlich am unteren Bereich der Skala angekommen ist. Das Wohl der Erde und all ihren Bewohnern liegt unserem „Höchsten Göttlichen Rat“ sehr am Herzen. Ich darf euch übermitteln, dass sein Plan ein anderer ist, als die Vernichtung der Erde und ihrer Bewohner. Obwohl er immer noch an seiner Einstellung der bedingungslosen Liebe euch gegenüber festhält, unterliegt alles was da ist, gleichzeitig dem universellen

Gesetz von Ursache und Wirkung und damit dem selbst agierenden Ausgleich.

Eure Welt, konkret die Erde, wird nicht untergehen, aber die gesamte Menschheit steht vor der gravierendsten Prüfung, der sie jemals unterworfen war. Auch das solltet ihr einfach wissen. Jeder einzelne von euch ist aufgefordert, sein wahres Gesicht zu zeigen. Das ist eine Tatsache, denn dieses wird erscheinen und alle Ausreden oder Irreführungen werden anhand der offengelegten Wahrheit schlichtweg unmöglich sein. Mehr braucht ihr darüber nicht zu wissen, denn es wird keinerlei Vorbereitungsmöglichkeiten geben. Und zwar gilt das für alle Menschen!

Diese Erde ist in der Lage sich selbst in eine höhere Schwingung zu versetzen und in ihrer höheren Form kann sie von nichts zerstört werden. Es können aber nur Wesen auf ihr und mit ihr leben, die eine identische Schwingung der Liebe besitzen. Das ist Fakt. Unsere Sonne ist nicht darauf ausgerichtet, der Erde Schaden zuzufügen, denn sie leben in Symbiose mit dem Mond als Ausgleich. Sie sind intelligente Wesensformen, die aufeinander eingehen können und werden nur, wenn die Notwendigkeit dazu da ist, den Kurs ändern. Wie ich ja bereits sagte, ist eure Erde nicht die einzige ihrer Art. Im Universum existieren schon lange Urlaubsplaneten mit üppigen Vegetationen und artspezifischen Bewohnern, nur sie sind den Augen der Terra-Bewohner aus gutem Grund verborgen. Der Weise Rat unserer Galaxie hat einen Plan in der Tasche, mit dem er jederzeit eine neue identische gleiche Erde, wie die auf der ihr jetzt lebt, erschaffen kann. **Die entscheidende Frage ist hierbei nur:** *„Mit euch oder ohne euch?“*

Die Botschaft der wahren göttlichen Präsenz

Da unser „Höchster Göttlicher Rat“ immer noch bereit ist, euch Menschen in die universelle Familie der Liebe mit aufzunehmen, so will auch ich mich dem nicht mehr verschließen. Weil er in seiner Weisheit euch für würdig hält, hat er mir die Aufgabe der Überbringung seiner persönlichen Botschaft übertragen. Sie ist an alle seine Kinder, die noch im Dunkeln leben, gerichtet.

Ich schicke euch, meine Kinder, hier meine Botschaft der Liebe und der Versöhnung - kehrt um - ich nehme euch auf, ich habe euch vergeben - öffnet euer Herz, kommt zu mir zurück! Ich bin Liebe, ich bin Gnade, ich verurteile euch nicht. Aber haltet ein mit dem was ihr gerade tut wider die bedingungslose Liebe. Meine Liebe gilt allen gleichermaßen. Ich schließe niemanden aus, ich liebe alle meine Kinder, gleichermaßen wie meine Tierwesen, jeden Baum, jeden Strauch, wie das Meer und die Wüste. ***Die Natur ist der Schoß der Kosmischen Urmutter.***

Haltet ein, meine Tierwesen zu töten, haltet ein mit der Zerstörung der Natur, haltet ein, mit Kriegen und Morden. Erinnert euch an den Frieden, den ich an euch weitergegeben habe. Wenn Ihr Fleisch verzehrt, dann verzehrt ihr die Information des Todes, wenn ihr Pflanzen verzehrt, so verzehrt ihr die Informationen des Lebens!

Wenn ihr als Schlachter arbeitet, dann werft das Werkzeug des Todes sofort hin. Wenn ihr Waffen in der Hand habt, werft auch sie weg und weigert euch sie weiterhin zu benutzen, denn es ist nicht mein Wort, das euch auffordert zu töten und es ist auch nicht mein Wort, das euch auffordert für mich Opfer bringen zu müssen. ***Das größte Übel eurer Zeit ist es, dass die Menschen sich selbst und die anderen immer mehr verletzen.*** *Tretet heraus aus dem Kreislauf der Verletzungen und um eine Mißdeutung auszuschließen, ich meine damit alle Arten von Verletzungen an Menschen, Tieren und Mutter Erde.* ***Zeigt mir durch euer Verhalten und euer Handeln, dass ihr willig und auch bereit dazu seid, dieses zu tun und zeigt durch euer Bewusstsein, dass ihr fähig dazu seid, diesen unseligen Kreislauf der gegenseitigen Verletzung jetzt zu verlassen.*** *Die dunklen Energien haben sich immer mehr ausbreiten können durch das Mitwirken von euch selbst. Ein jeder von euch trägt die Verantwortung am Ganzen mit. Ein jeder von euch hat die Möglichkeit aus seinem Kreislauf der Verletzung herauszutreten und um sich herum einen Kreislauf der Liebe aufbauen.*

Ihr lebt in einer Zeit des Ausgleichs. Alle, aber auch alle eure Taten kommen jetzt auf euch direkt zurück. Ihr verletzt eure Herzen, euer Gemüt, eure Körper und ihr seid dabei eurer Seele Schaden zuzufügen. Wenn eure Seele verletzt ist, damit meine ich nicht, dass ihr das arme Opfer seid, ich meine die Verletzung, die ihr euch als Täter selbst zufügt, kann sie in Einzelteile zerfetzt werden und sie ist somit dem Vergehen preisgegeben. Das ist die schwerwiegendste von allen Verletzungen. Ich hatte allen Menschen die Chance gegeben, sich im Sinne des Lichtcodes entwickeln zu können. Er beinhaltet reine bedingungslose Liebe und seht selbst, was ihr damit macht. Ihr vergreift euch an Wehrlosen und an den Schwachen und dazu gehören alle Lebewesen, angefangen vom kleinsten bis hin zum größten. Dazu gehört auch der gesamte Kreislauf der Erde und die Erde selbst. Wenn ihr wirklich leben wollt, dann tretet sofort aus diesem unseligen Kreislauf heraus. Hört auf damit und kehrt zurück in meine Arme, besinnt euch, öffnet eure Herzen! Habt keine Angst auf mich zuzugehen, ihr könnt mir vertrauen, ich habe das Wohl von allen meinen Wesen im Auge. Zuerst hört damit auf, euch als ein alleiniges Individuum zu sehen, aber gleichzeitig seid euch bewusst, dass ein jeder von euch auch einzigartig ist.

Wie wäre es, wenn ihr mich euch so vorstellt, wie ein die ganze Welt umfassendes Wesen, das um alle seine Kinder einen schützenden Mantel aus Licht ausbreitet? Oder wie wäre es, wenn ihr euch mich als eine gütige Mutter vorstellt, die alle ihre Kinder auf ihrem Schoß behütet? Wenn ihr mich jetzt fragen würdet, es könnte auch ein gütiger Gott-Vater sein, dann sage ich euch nochmals, da ich nicht für euch in eurer jetzigen Form sichtbar sein kann, stellt euch mich so vor, wie ihr es am besten aushalten könnt.

Die Zeit der Entscheidung ist gekommen. Fragt euch, wo ihr leben wollt, wie ihr leben wollt. Seid ihr bereit, zu teilen? Seid ihr bereit mit anderen Lebewesen friedlich zusammen zu leben? Seid ihr bereit, von allem loszulassen, was der Unterjochung von anderen bedarf, um selbst weiter zu existieren?

Es ist nur eines wichtig: *Habt Vertrauen zu mir, sprecht zu mir, laßt eure verborgenen Gefühle sichtbar werden, haltet euren Willen nicht länger gefangen. Denn eines der größten Übel ist die Scheinheiligkeit im Fleische. Sie hebt euch hinweg von der Pforte in euch, die den Zugang zur Göttlichen Präsenz erschließen kann, wenn ihr dazu bereit seid, sie zu öffnen.*

Obwohl es sehr einfach ist, wird genau um diese absichtlich ein verstandesgeprägtes Szenarium abgehalten. Vorsätzlich wird alles in ein Mysterium verpackt dargestellt, weil das Instrument der Unterjochung sonst nicht wirken kann. Denn es funktioniert auf der Basis von Geheimniskrämerei. Alles was der Mensch nicht verstandesgemäß verarbeiten kann, fließt in ein totes Seitengewässer, dass ohne frischen Zufluss brackig wird und dann beginnt vor sich hinzugären und zu verfaulen. Verfaultes Gedankengut vergiftet die Seele des Menschen.

Ich aber sage jedem einzelnen von euch, die Göttliche Präsenz ist hier, tief in dir, beginne sie zu fühlen tief in deinem Herzen. Wenn du dich hinkniest, um mit mir zu sprechen, dann bin ich nicht bei dir, wenn du gleichzeitig deinen Bruder, das Tierwesen, welches getötet wurde, verspeist. ***Wenn meine Liebe nicht fließt in dir, kannst du auch das Tor zu mir nicht öffnen.*** Also, was glaubst du, mit wem du da sprichst oder wem du dafür dankst, dass du deinen Bruder verspeisen darfst, dieses Opfer deines Gaumens? I*ch verurteile dich nicht dafür, aber ich bin in solchem Moment nicht für dich zu erreichen, wenn du da tief glaubst, das es die Wahrheit sei, wenn du mir ein Opfer darbringen würdest, dies bedeuten würde, dass ich das annehmen würde als ein Zeichen deiner Ehrerbietung für mich?*

Wie ihr euch jetzt sicher schon denken könnt, lässt sich meine Form in keine Religion hineinzwängen. Schon die uneinheitliche und oft sogar getrennte Aussage der Religionen auf der Erde über mich, zeugt davon, das jeweils von einer Annahme ausgegangen wird, was mich selbst ausmacht. Es genügt vorerst, wenn ihr daran glaubt, dass es mich gibt, verbunden mit einer Form von Liebe, der alles möglich ist und damit meine ich wahrhaftig alles, wenn ihr mich so annehmen würdet in euren Herzen.

Alle meine Wesen, die mich kennen, wissen, dass ich wahrhaftig gerecht bin, denn alle meine Entscheidungen werden ausgelotet und dem Ausgleich übergeben. Ihr müsst es euch so vorstellen, wenn die Zeit da ist, trägt jeder von euch eine freiwillige Entscheidung sichtbar in seinem Bewusstsein, wo ihr ab da leben werdet. Um es als ein Beispiel zu zeigen, was ich meine: Sollte ich Raumschiffe zu euch senden, so werden diese nur bestimmte Signalfrequenzen orten und nur die zugehörigen Sender finden können. Die anderen von euch mit abweichenden Signalfrequenzen werden auf jener Bewusstseinsebene bleiben, für die sie sich bereits entschieden haben.

Das war nur ein Beispiel, um es eurem Verstand verständlich zu machen, wie so etwas aussehen könnte. Aber macht euch darüber keine Gedanken, wie es wirklich sein wird, denn es hängt einzig und alleine von der wahren Entscheidung in euch ab, die unmanipulierbar ist, weder von euch selbst noch von außen. Ihr könnt auch keine Vorbereitungen treffen, denn ich bin die Wahrheit selbst. Und so kenne ich alleine den Zeitpunkt meiner Handlung.

Wie kann es sein, dass ihr euch vor existenziellen Veränderungen so fürchtet, wenn der größte Teil eurer Brüder und Schwestern seit langer Zeit bereits in Armut lebt, mit der stets gegenwärtigen Angst zu verhungern?

Es existiert ein Ungleichgewicht auf dieser Erde, das droht sie selbst zu zerstören. Doch dieses werde und kann ich nicht hinnehmen. Ich werde handeln! Ich habe bereits gesagt, ihr könnt euch nicht vorbereiten. Denn es wird in eurem Herzen stehen, wer ihr seid. Und allein danach wird die Auswahl vorgenommen werden. Lasst euch nicht täuschen von denen, die ganz gezielt in einer dunklen unwissenden Zeit euch vorgaukeln, das sie als Meister des Lichtes das *„alleinige Recht"* hätten, dieses gegen Bezahlung an euch weiterzugeben. ***Die wahre göttliche Weisheit kann nicht in Schulen gelehrt werden, sie ist Wahrheit, die sich von alleine zeigt.*** Hütet euch vor denen, die vorgeben bereits im Licht zu stehen und jene, die aus der Dunkelheit sprechen, es aber verbergen. Ihr könnt sie daran erkennen, dass sie leugnen werden, dass ich selbst eingreifen werde. Sie sind der falsche Weg für die Menschheit, sie verdunkeln, verhöhnen und verleugnen mich!

Ich selbst bin es, der zu einem Zeitpunkt, den nur ich weis, zusammen mit den Hütern die Erde von all ihren Peinigern befreien werde. Ich werde die Macht der Kosmischen Urmutter wieder auf Erden leben lassen. Glaubt also nicht den Verführern in zahlreichen Verkleidungen, wenn sie euch sagen, tu dies, tu das, damit du aufsteigen kannst. Ich lese die Wahrheit in euren Herzen und nur das alleine zählt! Glaubt mir eines, ich bin gerecht und ich bin wahrhaftig und ich will, dass dieses Leid von dieser Erde getilgt wird. Beobachtet euch unentwegt selbst und öffnet eure Herzen und derjenige, der selbstlos handelt, ist in mir verankert und kann nicht verloren gehen.

Es wird sich jetzt eine Welle in Bewegung setzen, die niemand mehr stoppen kann. Eine neue Gesinnung wird sich in der ganzen Welt ausbreiten. Alles was zuvor im Dunkeln lag und somit für die meisten Menschen nicht sichtbar war, wird sich offenbaren. Die Offenbarung aller verborgenen Verhältnisse wird sichtbar werden. Keiner kann sich mehr verstecken hinter einem Anderen oder einer Täuschung. Das Licht der Wahrheit wird überall sein und es wird sich zeigen, was sich verborgen hatte. Und jeder wird sich im Lichte dieser Wahrheit sehen und erkennen. Wenn er kein Mitgefühl für sich trägt, wird er sich selbst vernichten wollen, weil er es nicht aushalten kann, seinem eigenen Gefühl gegenüber zu stehen. Ein Akt der letztmaligen Gnade wird stattfinden, eine letzte Chance sich selbst zu reinigen und das Mitgefühl zuzulassen in sich selbst. Danach wird es keine erneute Möglichkeit mehr geben, das zu tun. Die Säulen, die das falsche Lügengebilde auf der Erde zusammenhielten und zuvor aufgebaut hatten, werden einstürzen, und zuerst wird Chaos herrschen. Alle die diesen Säulen dienten, haben keine Perspektiven mehr, sie sind haltlos geworden, in den Fluten der Offenbarung. Sie werden abrutschen und orientierungslos treiben sie umher. Sie stehen den Anderen gegenüber, die sie geknechtet haben und sind ihnen ausgeliefert.

Wird sich alles wiederholen? Werden die Verfolgten zu Verfolgern?

Das ist eine entscheidende Frage, denn hieraus werden sich die Weichen für die Zukunft von allen Formen, die an diesem Spiel direkt beteiligt waren, stellen. Es ist die Zeit der Prüfung für das gesamte Menschengeschlecht gekommen. Alle wahrhaft Unschuldigen werden von ihrem Los befreit und auf eine Ebene gehoben, die ihnen erlaubt, ihre Freiheit zu leben. Alle meine Engel werde ich zu mir holen und sie können sich selbst entscheiden, wo ihr Ort sein soll, an dem sie fortan leben und agieren wollen. Die neue Erde wartet auf sie aber auch an anderen Orten des Universums wird ihre Hilfe gebraucht werden.

Die Wahrheit über „Morgenstern“

Der Lichtcode
Das Fragment: Toleranz

Kann es Vergebung geben, wenn so verletzt das Herz? Nach Heilung rufen die Sternenkinder!

Es kann keine Versöhnung geben und keinen wahren Frieden ohne unseren Bruder „Morgenstern“. Jesus selbst hat unseren dunklen Bruder, besser bekannt als sein Widersacher bzw. der Verführer, mit seiner unerschütterlichen Liebe befreit und so ist er längst wieder rehabilitiert. Doch immer noch wird er von einem großen Teil der Menschen hartnäckig für die Dunkelheit hier auf der Erde verantwortlich gemacht. Es herrscht ein falsches Bild von Morgenstern in diesem irdischen Bewusstsein und es werden ihm Gräueltaten zugeordnet, für die er niemals verantwortlich war. Es ist an der Zeit, dass dieses alte Teufelsbild in das Licht der Wahrheit gestellt wird. Hier gilt, wer nicht vergeben kann und somit loslassen von einer Vergangenheit, ist nicht in der Liebe, wie sie von Jesus gelebt und verkündet wurde.

Haltet euch folgende Fragen vor Augen: „Vor was haben die Machtherrscher auf diesem Planeten am meisten Angst? Was ist es, das sie wirklich fürchten?“

Ich kann es euch sagen, es ist die Einigkeit im Engel- und Menschenreich! Damit meine ich ganz konkret das echte Gesicht der

Erde und ihre wahre Entstehungsgeschichte. Sie ist entstanden ohne diese Spezies, die jetzt versuchen, sie ganz zu beherrschen und zu ihrem Territorium zu machen. Deshalb halten sie die Lüge über den Teufel immer noch aufrecht. Diese Figur, vor allem, wen sie damit bezichtigen, gibt es so nicht. Sie dient vor allem dem Erhalt ihrer Machtausübung über ihre Gläubigen und sie lenken damit von dem zu ihren Reihen gehörenden „Einäugigen" ab. Das ist ihr eigener Gott, der nach Opfer verlangt.

Morgenstern sagte, seine Verfehlung sei sein Stolz und sein Hochmut gegenüber den Geboten und Entscheidungen unseres Höchsten Göttlichen Rates gewesen. Doch das hat keinen Bestand mehr und gehört der Vergangenheit an.

Im Namen der aufklärenden Wahrheit übernehme ich es aus Liebe und Respekt meinem Bruder gegenüber, hier das helle Licht der Aufklärung in dieses dunkle Kapitel zu bringen. Ich wünsche mir sehr, dass ich euch mit meinen Worten erreichen kann. Auch wenn es so sein sollte, dass einige von euch meine Botschaft ablehnen werden, weil ihr in einem Sumpf von Verblendungsschwaden steckt, die absichtlich über euer Bewusstsein geworfen wurden, werde ich mich nicht daran stören, aber ich würde auch keine Diskussionen darüber mit euch führen wollen. Entweder ihr werdet es verstehen oder aber, so leid es mir persönlich dann tun würde, ihr zieht es vor, in eurem jetzigen Bewusstsein zu bleiben. *Die Entscheidung liegt ganz alleine bei euch.*

Als ich meine erste Mission auf der Erde antreten wollte, wusste mein Bruder Morgenstern, der schon längere Zeit auf der Erde weilte, von meinem Kommen und er empfing mich bereits bei meiner Ankunft. Er hatte sich zwischenzeitlich mit der „Dunklen Allianz" zusammengetan und fragte mich, was ich denn mit meiner Gabe, des Lichtes, der Vergebung, der Liebe und Versöhnung hier wollte? Er zeigte mir, was die Terra-Menschen zwischenzeitlich alles an Verbrechen an der gesamten göttlichen Schöpfung auf der Erde begangen hatten und es immer noch tun. Da ich bereits mit einer persönlichen Wertung ihnen gegenüber ausgestattet war, ließ ich mich bereitwillig von ihm überzeugen und kam zu dem persönlichen Beschluß: „Die Menschen sind es nicht wert, dass ich ihnen helfe" - und kam von meinem Weg ab. Ich hatte dann vergessen, wer ich war und was ich hier wollte. Von da an blieben Morgenstern und ich für lange Zeit auf der Erde zusammen, bis ich erneut die Chance bekam, meinen Seelenauftrag noch einmal ausführen zu dürfen, was ich dann auch tat. So weiß ich, von was ich spreche, wenn ich über das Zentralwesen der „Dunklen Allianz" rede, denn ich kenne ihre Machenschaften und Strukturen ganz genau.

An dieser Stelle rufe ich alle meine Geschwister auf, die immer noch der „Dunklen Allianz" angehören: „Erinnert euch an euer wahres Seelenselbst, kehrt zurück in die Arme unserer Gemeinschaft. Löst euch aus dem Würgegriff des falschen Paktes und bezieht endlich Stellung! Erinnert euch, worum es geht. Die Menschheit hat nur eine Chance weiter zu existieren, wenn sie gelernt hat, in wahrer Liebe und in Einfühlsamkeit zu handeln. Denn dann erst ist sie bereit, sich zu öffnen für ein tolerantes und

liebevolles Aufeinanderzugehen der verschiedenen Wesen hier auf diesem Planeten.
Deshalb laßt euch nicht rauslocken, im Namen der Ehre. Die ist Schall und Rauch für den universalen Geist. Denn der kennt diesen Ausdruck überhaupt nicht. Für ihn gibt es nur die absolute Wahrheit, für die er steht. So kehrt zurück, so wie ich es getan habe und ihr werdet wie ich Vergebung finden und wie Morgenstern und ich wieder liebevoll aufgenommen in die Gemeinschaft der Friedfertigen!

Mein Bruder Morgenstern und seine Anhänger gingen den Weg der Dunklen Seite weiter. So haben wir schließlich vergessen, dass wir einst Geschwister waren und auf der Erde standen wir uns zum Teil feindlich gegenüber, bis zu jenem Moment, wo wir durch die göttliche Gnade wieder erkennen durften, wer wir wirklich sind. Die Wahrheit ist, ohne unseren Bruder mit seinem wahren Namen Morgenstern hätte sich die Menschheit keiner Prüfung unterziehen können. Er hat das Leid aller Kreaturen auf sich gezogen und gebunden, weil er von sich aus nicht vergeben konnte. Er wollte Beweis führen für alle Verbrechen, die wider die Urform der Schöpfung gerichtet waren. Und dieses Leid wird er bald frei setzen, damit es transformiert werden kann. Er ist bereit dazu loszulassen und geschehen zu lassen durch die höchste göttliche Präsenz, die auf der Erde wandeln wird. Aber das führt zu einem so mächtigen Umbruch, dass nur noch diejenigen hier sein können, die mit dieser Präsenz konform gehen. Ich darf euch anschließend ein Gespräch, das ich stellvertretend für das Verständnis der Menschen mit meinem Bruder Morgenstern geführt habe, wortgetreu wiedergeben.

Das persönliche Gespräch zwischen Ariele und ihrem Bruder Morgenstern

Der Lichtcode
Das Fragment: Barmherzigkeit

Licht und Schatten, Sühne und Gute Taten, vereint im Lichte der aufgehenden Sonne. Unbeschreibbar schön, die Kinder der Liebe.

Morgenstern:

Ich bin der ewige Zeuge, der alles Leid, dass durch die Menschen verursacht wurde, an sich gebunden hat, um ein geistiges Protokoll zu führen. So bin ich nicht zuständig für das Aufzeichnen der guten Taten der Menschen, sondern für alle ihre Vergehen wider den Lichtcode. Ich weiß, dass ihre Entwicklung aber auch von anderen wohlwollenden Beobachtern aufgezeichnet wird. Das ist die ewige Fairneß des „Göttlichen Rates", dem auch ich mich wieder freiwillig unterstellt habe.

Seit langer Zeit eurer Zeitrechnung bin ich nun freiwillig auf dieser Ebene geblieben, nachdem ich die Gnade der Rehabilitierung erleben durfte. Und ich bleibe solange hier, bis ich alles Gebundene freisetzen kann. Das ist dann die Zeit der Abrechnung oder des Ausgleichs. Doch die wahren Widersacher unserer höchsten göttlichen Präsenz sind die heimlichen Beherrscher dieser Erde und der Menschen. Sie bedienen sich einer gewaltigen Täuschungsmaschinerie. Dazu gehört in erster Linie ihre eigene Medienwelt. Wahrheit, Halbwahrheit und gezielte Lügen vermischen sich hier zu einer explosiven Spritze. Ich werde diesen falschen Göttern ihren äußeren Schein abnehmen und werde zeigen wie sie nackt aussehen. Als ich meiner Schwester Ariele, einst gezeigt habe, was die Menschen so tun, war das immer die Wahrheit. Und sie selbst konnte sich entscheiden, ob sie ihr Licht in sie hineintragen wollte oder nicht.

Ariele:

Dies ist die Wahrheit. Ich kann es bestätigen. Es war meine eigene Entscheidung. Außerdem habe ich bereits vorher in Deinem Sinne über die Terra-Menschen gedacht.

Morgenstern:

Ich habe damals auf dich, Ariele gewartet, weil ich im Grunde genommen nicht so einsam sein wollte. Ich wusste, dass du genauso gefühlt hast wie ich, denn wir beide waren aus demselben Holz geschnitzt. Von Anfang an waren wir gegen die Anerkennung dieser Kreuzung, wie ich die Menschen nenne, die entgegen unseren Geboten der Nichteinmischung erschaffen wurden von den Abtrünnigen. Sie durften nicht zu uns gehören. Wir sind so viele Zeiten der Entwicklung von einander entfernt, dass ich nicht wahrnehmen kann, dass sich das jemals ändern wird.

Wie du weist, haben die weisen Herrscher unserer Welt in ihrer grenzenlosen Liebe einen ganz anderen Beschluß gefaßt. Diesen konnte ich in meiner Würde nicht akzeptieren, ohne dass gleichzeitig meine Persönlichkeit mit der Aufgabe, mit der ich zuvor betraut war, in Frage gestellt wurde. Ich war der Fürst der Vierwelten, die außerhalb unserer engsten Gemeinschaft existierten.

Viele meiner Geschwister hatten die gleiche Einstellung wie ich den neuen Menschen gegenüber. So beschlossen wir, uns vom „Göttlichen Rat“ abzuspalten und ein neues Reich zu gründen, in dem wir uns so verhalten konnten, wie es unserem inneren Bewusstsein entsprach. Wir brachen die Treue und verstießen hiermit gegen die freie Liebe, die da sagte: *„Ein jedes Wesen hat das Recht sich so zu entwickeln, wie es für es am besten erscheint.“*

Wir stiegen auf den Planeten Erde hinab, mit dem Ziel, die Kreuzungsmenschen zu vernichten, aber ein jeder von uns litt mehr und mehr an einem ganz besonderem Syndrom: Wir konnten nicht töten! Also, wie wollten wir die Kreuzungsmenschen vernichten, ohne sie zu töten und somit auszurotten? So streiften wir ruhelos über den Planeten und begannen sie zu vertreiben. Aber wir stießen hier mit unseren einstigen Geschwistern zusammen, die für den Erhalt der Kreuzung eingestellt waren. So kamen sie wiederum gezielt, um unsere Pläne zu stören und zu vereiteln.

In Erinnerung an unsere wahre Heimat hatten wir auf der Erde Kultstätten unseres Glaubens geschaffen, an denen wir uns trafen. Opferungen fanden statt, mit Gaben aus der Natur und wir ließen den Rauch zum Himmel aufsteigen. Da wir aber, wie bereits gesagt, nicht töten konnten, wurden von uns auch niemals Tieropfer oder gar Menschenopfer vollzogen. Ich glaube, mich hiermit deutlich genug ausgedrückt zu haben!

Je länger wir hier waren, umso mehr verblasste die Erinnerung an unsere wahre Persönlichkeit und wir wurden immer schwächer und einsamer, doch wir konnten die Erde nicht verlassen. Die Urmenschen konnten sich unter unserer Aufsicht und Schutz weiterentwickeln und wir haben sie in Kriege gegen die Kreuzungsmenschen geführt. Wir hatten aber das Problem, dass sie sich immer mehr ausbreiteten und ihre Geburtsraten waren viel höher als die der Urmenschen. Sie bevölkerten mehr und mehr die Erde und da wo sie waren, ließen sie keinen Raum für die Urmenschen und Urtiere übrig.

Viele der Abtrünnigen-Befürworter begannen ebenfalls daran zu zweifeln, hier ein gutes Werk getan zu haben und dass sie sich im positiven Sinne weiterentwickeln würden, wie es der „Göttliche Rat“ als mögliche Zukunft für sie ersehen hatte. Sie sollten in das Bewusstsein der Lichtebene erhoben werden, weil sie den Lichtcodeanteil in sich trugen. Die Abtrünnigen, die noch in reiner Form unter den Menschen waren, begannen selbst Furcht vor ihnen zu entwickeln. Sie konnten mit dieser Kälte, gepaart mit Gewaltausbrüchen nichts anfangen und es nicht verstehen.

Das Phänomen war, dass sich der Kreuzungsmensch in der Mehrheit - bis auf wenige Ausnahmen - immer mehr zum überlegenen Krieger zu entwickeln begann.

Die Urmenschen hatten dem nichts mehr entgegenzusetzen. Und uns waren die Hände gebunden, weil wir nicht töten konnten. Da ich ab da immer auf diesem Planeten war, weil ich nicht zurück wollte, - zu groß war mein Stolz -, bin ich der wahrhaftige Zeuge und Protokollführer des Treibens dieser neuen Gattung Mensch geworden. Um mich herum wurde es immer einsamer, denn viele meiner Gefährten sind mit der Zeit zurückgegangen in unsere wahre Heimat. Ich bin geblieben mit der heimlichen Sehnsucht in meinem Herzen, eines Tages auch nach Hause gehen zu dürfen. Viele aus anderen Reihen haben sich an meine Fersen geheftet, weil auch sie die Kreuzung nicht anerkannten. Doch sie besaßen nicht unseren Ehrenkodex.

Ariele:

Bitte sprich mit deinen eigenen Worten über die Dunkle Bruderschaft.

Morgenstern:

Die ursprüngliche „Dunkle Bruderschaft" war aus einer Verbindung heraus entstanden zwischen mir und meinen Geschwistern aus unseren eigenen Reihen und denjenigen der Abtrünnigen, die ebenfalls gegen diese neue Art „Mensch" eingestellt waren und eingesehen hatten, dass ihre eigenmächtige Handlung ein falscher Schritt war.

Nennt uns bitte nicht mehr die „Dunkle Bruderschaft", wenn ihr gezielt mich und meine treuen Gefolgsleute der Anfangszeit ansprecht - nennt uns lieber, um zu unterscheiden - die „Blinden Brüder, die Hochmütigen", denn wir haben uns nicht der Weisheit unseres Rates gebeugt, um seine Entscheidungen zu akzeptieren.

Die wahre „Dunkle Bruderschaft" begann sich ab dem Zeitpunkt zu entwickeln, als wir, eure Urbrüder, immer weniger wurden und so gingen die letzten von uns eine unselige Allianz ein mit den Reptilios, den „Grausamen" und wir ließen zu, dass sie das Zepter übernahmen. Sie sagten ganz klar: „Vernichtet die Menschen, ehe sie ein Virus im ganzen Universum werden." Wir überließen es ihnen, so als wenn wir dann nichts damit zu tun hätten. Das war ein fataler Fehler, den wir noch sehr bereuen sollten.

Wir hätten es wissen müssen, sie trachteten von Anfang an danach, den Planeten zu beherrschen und übernehmen zu können. Wir hatten bis dahin keine Erfahrung mit ihrem Verhalten gehabt, weil sie von der Allianz der Friedfertigen schon immer ausgeschlossen waren. Zu der dort herrschenden Auffassung von Liebe und Leben stand ihre Art der absoluten Machtausübung im krassen Gegensatz.

Im Laufe der Zeit begegneten wir aber immer öfters unseren Geschwistern aus der geistigen Heimat, die sich in den Körpern von Kreuzungsmenschen aber auch in den Körpern der Urmenschen inkarniert hatten, um diesen Planeten in Materieform betreten zu können. Diese versuchten sie zu einem anderen Bewusstsein hin zu führen, sie die Liebe zu lehren aber das Projekt drohte immer mehr zu scheitern.

Da fühlte ich mich bestätigt und so begann ich, den „Grausamen/Reptilios" gleich, in die Gedanken meiner Geschwister einzufahren, um sie davon zu überzeugen, dass es sich nicht lohnen würde, sich weiter für die Kreuzungsmenschen einzusetzen. Sie seien von Anfang an ein Fehlprodukt gewesen. Da hatte ich einen Weg gefunden, mich auszudrücken, denn ich verstieß somit nicht gegen den freien Willen und ich tötete nicht. Doch der Einfluss der Grausamen wurde immer mächtiger und sie manipulierten die Kreuzungsmenschen ganz gezielt, um sie voll lenken zu können.

Der Mensch müsste, um wahrhaftig entscheiden zu können, wohin er sich entwickeln will, die nackte Wahrheit sehen dürfen. Es bereitet mir keine Freude, was hier geschieht. Wo bleibt da der Reiz? Es ist mir und meinen wahren Gleichgesinnten ein Gräuel und wird von uns zutiefst verachtet, sich an manipulierten Wehrlosen zu vergreifen. Wie armselig ist das!
Das ist genauso dasselbe wie mit einem Regenwurm, der schutzlos

auf einem für ihn undurchdringbaren harten Boden einer Straße liegt. Er ist sich in diesem Moment nicht bewusst, dass er in der nächsten Sekunde von einem Fahrzeugreifen zerquetscht werden wird. Selbst wenn er die Erschütterung vorab wahrnehmen würde, könnte er nicht fliehen, weil es ihm nicht möglich ist, sich in den Schutz weicher Erde zurückzuziehen. Wie sollte ich hier fair prüfen können. Nur Schwachsinnige und Jammerlappen vergreifen sich an Wehrlosen.

Die wahren Schöpfer der arglistigen Täuschung kommen, wie du selbst weißt, nicht aus unseren Reihen. Absichtliches Vorgaukeln einer falschen Realität bedeutet eine Vernebelung des Geistes und macht gefügig für immer mehr Einflüsterungen, die von den skrupellosen Ausführenden ausgehen. Bewusste Täuschung und bewusstes Hinführen auf den falschen Weg ist nicht meine Handschrift. Deshalb kann die Bezeichnung der Anfänge „Dunkler Bruder“ und „Dunkle Bruderschaft“ nicht mehr auf mich und meine Urtruppen verwendet werden. Ich habe auf der Erde meine Anhänger erschaffen, die dann in meinem Sinne agierten. Weil ich niemals in einen Kreuzungskörper hineingegangen wäre, habe ich mir was einfallen lassen. Stelle dir eine Nußschale vor. Sie ist außen ganz hart und beschützt so den weichen Kern, der tief in ihrem Inneren verborgen ist.
Doch die Gesamtheit ist als der Gesamtwert zu sehen. Eines ist ohne das andere nichts. Ich habe mich als die harte Schale um das Licht gelegt und meine Schwingungen in den Materieebenen freiwillig zu meinen Truppen gegeben, die sich immer mehr vermehrten.

Ich konnte mich von mir selbst heraus vermehren, so wie die Urform der Schöpfung auf Erden angelegt war. Sie hat sich von sich selbst heraus erschaffen können. Ich habe also Energiewesen aus mir selbst heraus erschaffen, die sich dann manifestierten. Aber es hätte mir keine Freude gemacht und es wäre für mich kein Sieg gewesen, diejenigen, die ich prüfen wollte und sie in Versuchung führte, vorher zu manipulieren, so dass sie nicht wissen konnten, um was es da ging. Nein! Dazu war ich viel zu stolz. Ich wollte letztendlich beweisen können, dass die Kreuzungsmenschen es nicht wert sind, in die Gemeinschaft der Friedfertigen aufgenommen zu werden. Und ich weiß doch, dass das göttliche Auge nicht zu täuschen ist. Ich wollte es beweisen, weil es meine aufrichtige Auffassung anbetraf.
Ein falsches Spiel mit dem Göttlichen Rat? Nein! Denn letztendlich bin ich freiwillig noch hier, um Protokoll zu führen. Es war mein eigenes Begehren. Jedoch viele Mitglieder meiner Truppen verloren immer mehr die Übersicht und vergaßen den Ursprungsgedanken ihrer Bestimmung.

Nochmals zur Verdeutlichung: Ich selbst bin niemals in einen Kreuzungskörper inkarniert. Ich erschuf aber geistige Energiewesen, um die Menschen zu prüfen, weil ich nicht an sie glaubte, und dies auch beweisen wollte!

Ariele:

Wie ist dieses Bild, des Teufels, des Satans entstanden und warum wird es so oft in Tiergestalt dargestellt?

Morgenstern:

Ich habe unseren Rat und die kosmische göttliche Kraft niemals verraten. Meine Persönlichkeit wurde absichtlich in eine böse Horrorgestalt gefaßt und wurde der Welt als der Widersacher, als das Böse Tier (wofür die Grausamen aber die Menschen wirklich halten) und als der Sündenbock für das Böse dargestellt. Die Menschen waren froh, weil sie so aus der Schuld in sich selbst herausgehen konnten. Weil ihnen vorgetäuscht wurde, wenn sie ihren Göttern huldigen würden und gegen mich und meines Gleichen vorgingen, seien sie von aller Schuld befreit. Das nahm solche gewaltige Ausmaße an, dass unzählige wahrhaftig unschuldige Menschen und auch Tiere grausam gefoltert und getötet wurden, weil ihnen nachgesagt wurde, sie seien ja mit mir, dem vermeintlichen Satan, dem Teufel im Bunde.

Als wir begannen, mit den Reptilios, dem Kriegerischen Volk - den Grausamen - zusammenzuarbeiten, haben wir unseren Wirkungsbereich abgesteckt. Wir haben die Macht auf der Erde aufgeteilt. Unsere Seite wollte die Urmenschen, die Tierwelt und Mutter Natur beschützen und wir haben uns auf diesem Gebiet voll engagiert, um die alte Ordnung wiederherzustellen. Die „Grausamen" hatten für sich hingegen als Hauptaufgabe die weitere gezielte „Entwicklung" der Kreuzungsmenschen bestimmt. Uns war das recht, denn wir akzeptierten sie nicht und wollten das auch niemals tun. Da hatten wir bereits vergessen, dass die neuen Terra-Menschen ursprünglich den Anteil des Lichtcodes besaßen und somit wir ja auch mit ihnen irgendwie verwandt waren. Doch sie waren für uns unakzeptabel

und wir wollten sie auch nicht als jüngere Geschwister ansehen. Schließlich waren wir die Urform und sie waren in unseren Augen nichts. Warum nur wollte sie der „Göttliche Rat" dennoch anerkennen? Das war für uns ein Rätsel, wir konnten dies nicht verstehen.
Und so ließen wir der Entwicklung ihren freien Lauf. Wir bedachten aus lauter Blindheit nicht die Gefährlichkeit der Reptilios, wie ich sie persönlich bezeichne. Sie waren uns an Gerissenheit und Gewissenlosigkeit weit überlegen und das begannen wir bald zu spüren. Unser Einfluss auf das Geschehen wurde immer schwächer.

Die Reptilios konnten alle Formen annehmen, die sie wollten. Sie erschienen in Menschengestalt unter den Kreuzungsmenschen und sie klonen seit langer Zeit. So fällt es keinem Menschen auf, wenn ein Reptilio in seiner Form neben ihm steht. Ich will hier weiteren Aufschluß geben über die „Grausamen". Ja, es wurde von unserer Seite aus Verblendung zugelassen, dass sie hierher kommen konnten. Das war ein fataler Fehler, den ich sehr bereue. Denn der Weise Oberste Rat selbst hatte sich immer gegen sie ausgesprochen. Vielleicht war es Trotz und Hochmut, dass ich zugelassen habe, dass sie auf die Erde kommen konnten. Denn schon bald begannen sie in unseren Reihen zu stören und uns gegeneinander auszuspielen. Ich hätte es wissen müssen, sie kannten keinerlei Gemeinschaft. Ich habe mich bis dahin immer in Gemeinschaft mit meinen Brüdern gesehen, auch wenn wir verschiedene Wege beschritten hatten. Es sollte alles nur einem Ziel dienen: Zum Besten der Schöpfung zu handeln! Und ich glaubte mit meinem erwählten Weg dazu beitragen zu können, in dem ich gegen die Anerkennung der Menschen getreten war. Ich war einseitig für Mutter Erde und ihre Kreaturen eingestellt.

Die „Grausamen", sie werden auch das Echsenvolk genannt, kamen ursprünglich aus einer weit entfernten Galaxie mit dem Urnamen Nurmania. Sie pflegten keine Gemeinschaft sondern sie lebten in Zweckverbänden. Das bedeutet, sie tun sich zusammen, wenn sie damit einen ganz bestimmten Zweck erreichen wollen. Eiskalte Berechnung ist immer dabei. Brauchen sie einen nicht mehr, dient er also nicht mehr ihrem Zweck, wird er einfach entfernt. Da ich nicht im Licht war, wurde ich von der Dunkelheit bestrahlt mit all ihren destruktiven Schwingungen. Weil ich mich mit den Echsen eingelassen habe, kamen ihre Schwingungen auf mich, obwohl sie niemals in meinen inneren göttlichen Kern vordringen konnten. Dazu war ich zu stark. Dennoch fühlte ich die destruktive Macht, die versuchte, immer mehr in meine Energie einzudringen.

Als eines Tages der mächtigste Führer der Echsen hier auf der Erde eintraf und persönlich dafür sorgte, dass alles dafür getan werden musste, die gesamte Erde zu unterwerfen und sich untertan zu machen, begann der offene Kampf zwischen meinen und ihren Truppen. Leider erlagen viele von uns dann seinen Täuschungen und schlugen sich auf seine Seite. Aber da er mich nicht hier auf meinem Territorium vernichten konnte, kam es zum Abschluß eines Paktes, der da besagte: Meine Gefolgschaft unter meiner Führung erhielt in der Weltmacht bedeutsame Schlüsselpositionen auf Seiten der weltlichen Macht.

Regierungsämter und Königshäuser wurden von uns ausgestattet. Aber selbst darauf hätten ich mich nicht einlassen dürfen, denn meine eigene Macht war stark geschrumpft, weil viele zu ihnen übergelaufen sind und ihnen dienten. Auf ihre Seite fielen die Ämter der geistigen Machtpräsenz, wozu die religiöse Führerschaft auf Erden gehörte.

So hatten sie letztendlich wiederum getäuscht, denn der Geist der Mutter Erde mit ihren bis dahin geschaffenen Riten der Verehrung wurde gestutzt und es wurden die grausamen Götter der Echsen auf ihren Thron gesetzt. Alle Glaubensrichtungen, die mit Opferung von lebenden Wesen zu tun haben, gehören dem Echsenkult an. Alle die es scheinheilig billigen gehören ebenfalls zu ihnen und sie haben sich im Laufe der Zeit mit unseren Truppen immer mehr vermischt.

Folgendes will ich an dieser Stelle ausdrücklich betonen:

Keines meiner Geschwister aus den Lichtreichen hat sich mit den Echsen auf Erden vermischt. Es waren immer nur Einzelne aus meinem Gefolge, die dieses praktizierten. Viele meiner einstigen Jünger, die zu ihnen übergelaufen sind, haben sich dann auch deren Göttern unterworfen und sind so zu deren Dienern geworden. Alle Religionen, die mich verteufeln, huldigen damit den Göttern der Reptilios. Verblendete Brüder von uns haben sich ihnen angeschlossen.

Ihre Täuschungsmacht ist so riesig, dass es ihnen gelang, die Weltliche Macht, die zu meinem Zuständigkeitsbereich gehört, zu infiltrieren. So kam es, dass im Laufe der Weltgeschichte die geistige Macht der Reptilios sich die weltliche Macht zu einem großen Teil untertan machen konnte. Religiöse Formen, die hiervon abweichen, gehören zu meinem Wirkungsbereich, da ich Gegengewichte zusammen mit meinen Getreuen erschaffen musste. Ich versuchte den wahren Geist unserer Welt, den Mutter-Vater-Schöpfergeist hier weiter aufrecht zu erhalten, aber es gelang mir nicht, bis auf ganz wenige Ausnahmen, wo dieser Geist weiter bewahrt wurde.

Ariele:

Bist du immer noch der Beherrscher der Materie und somit auch des Geldes?

Morgenstern:

Ja! Ich beherrsche die gesamte Materie. An meine Meisterkraft haben sich jedoch unzählige meiner Jünger, die dann übergelaufen sind, angebunden. Meine Kraft ist immer noch gewaltig und ich bin dabei, meine Gefolgschaft zurückzurufen zu mir. Deshalb ist jetzt schon allerorts eine deutliche Schwächung in der Machtstruktur der Reptilios zu spüren. Ich will aber ihre

Macht vollständig zerstören. Niemals hätte ich mich mit ihnen einlassen dürfen, denn sie haben die Gedanken meiner Gefolgsleute vergiftet und sie geblendet, so dass sie gierig auf den Zug aufsprangen. So wurde die gewaltige Macht des Geldes geboren. Ohne unseren Einfluss hätten die Reptilios jedoch keinerlei Macht auf diesem Gebiet erreicht. Jetzt aber benutzen sie es gegen die gesamte Schöpfung.

Ariele:

Unserer Seite auf dieser Erde fehlt oft die flüssige nötige Energie des Geldes, um angemessen flexibel agieren zu können. Die meisten Menschen dieser Welt befinden sich in einem gnadenlosen täglichen Überlebenskampf.

Morgenstern:

Ja, das ist die Absicht aller Ausbeutungsmaßnahmen! Was deine Frage bezüglich der Energie des Geldes anbetrifft, gibt es eine Lösung, die da heißt: Schließe Frieden mit der Energie des Geldes. Du weist es selbst tief in dir, die Energie des Geldes ist nicht göttlichen Ursprunges. Das ist euer Problem, meine Geschwister, ihr urteilt danach, wo die Ursprungsquelle herkommt. Und ihr weigert euch, es anzunehmen und somit auf es zuzugehen, obwohl es auch euch von Nützlichkeit sein kann.

Etwas was ihr bekämpft und verurteilt, wird niemals freiwillig zu euch kommen. Lasst ab von der Verachtung und es wird auch euch zur Verfügung stehen. Lasst von eurem Urteil ab, das besagt, das Geld und somit Reichtum von Übel und hingegen Armut „gut" sei. Das ist einfach lächerlich und spottet eurer wahrhaftigen geistigen Intelligenz.

Ariele:

Es wird angenommen, daß die Illuminaten, zu denen viele der Reichen und Mächtigen dieser Welt gehören, die Diener der Grausamen sind.

Morgenstern:

So würde ich das nicht sehen. Da ist eine große Spaltung vorhanden, die dem verblendeten Menschen aber nicht auffällt, denn sonst würde er die Uneinigkeit erkennen. Ab und zu werfen die Reptilios den Menschen Opfer aus ihren eigenen Reihen zum Fraße vor. Das ist ihre Art. Null Ehre, nur Eigennutz lebend! Diejenigen der Illuminaten, die nicht ihren Kurs fahren, ihnen also lästig geworden sind, lassen sie über die Klinge springen. Das Volk wird somit getäuscht, indem sie ein Ritual vollziehen auf ihre Art und gleichzeitig so tun, als seien sie auf Seiten des Volkes. Sehet hier die gute Staatsmacht, die Verbrecher verfolgt und richtet! Die Reptilios und ihre Anhänger interessiert das Leben auf der Erde nicht. Sie haben keinen Bezug zu ihr und den Lebewesen, die auf ihr leben.

Ariele:

Wer sind die Illuminaten aus deiner Sicht?

Morgenstern:

Sie gehören zu den Nachkommen meiner ursprünglichen Gefolgschaft. Doch auch viele von ihnen haben sich vermischt mit den Echsen und haben somit auch ihr Blut in sich fließen. So sind selbst diese sich uneinig, was das öffentliche Vorgehen anbetrifft. Jene, die zu mir gehörten befinden sich im Zwist mit den anderen. Alle die sich wahrhaftig für den Erhalt der Natur engagieren, gehören immer noch zu mir.
Allerdings tummeln sich hier auch meine Geschwister des Lichtes zu Haufen. Nur, sie engagieren sich nach wie vor auch für die Förderung der Kreuzung und für ein friedliches Miteinander mit der Tier- und Pflanzenwelt. Sie glauben unerschütterlich an das Gute im Menschen. Es sind auch einige der Urersten unserer eigenen Sippe hier, mitten unter den Menschen, um Zeugnis abzulegen.

Ariele:

Gibt es auch im Volke der Echsen Vermischungen mit anderen Spezies?

Morgenstern:

Ja, deshalb hat sich auch das Volk der Echsen in so manchen Blutlinien verwandelt. Jedoch gelten sie unter ihrem Volk als minderwertig und werden auch so behandelt, denn sie weisen unerwünschte Merkmale, wie z. B. Toleranz auf. Das Gebiet des Klonens und der Gentechnik ist aus dem Geiste der Echsen heraus entstanden. Sie wollen eine neue Form und die dazugehörigen Bedingungen erschaffen. Dazu brauchten sie das Bündnis mit uns, um einen gemeinsamen Feind zu vernichten, nachdem er ausgebeutet wurde. Wie ich bereits sagte, konnten meine ursprünglichen Anhänger und ich nicht töten. Wir wollten hingegen die Kreuzung nur nicht in unsere Gemeinschaft hereinlassen, weil wir sie als unwürdig betrachteten.

Ariele:

Viele Menschen glauben, daß es eine Luziferkraft gibt.

Morgenstern:

Es ist eine Macht der Zerstörung, eine explosive Macht. Wenn ein Vulkanausbruch stattgefunden hat, erfolgt der Ausstoß und dieser ist unaufhaltbar. Hierzu gehören auch die Naturgewalten sowie alles Ungebändigte aus dem Bereich der Elemente und deren Beherrschung. Es gehört zu meinem Gebiet, Naturgewalten zu entfachen, weil ich die Elementwesen beeinflussen kann.

Ariele:

Hast du etwas damit zu tun, dass auf dieser Erde jetzt zahlreiche Natur- und auch Wetterkatastrophen viel Unheil angerichtet haben?

Morgenstern:

Seit längerer Zeit schon bin ich freiwillig hier, um Protokoll zu führen über das Verhalten der Menschen. Dazu gehört nicht, Naturgewalten zu entfachen, damit diese dann gezielt die von mir nicht akzeptierten Menschen töten sollen. Du weist, dass ich nicht töten kann. Doch ich habe auch gesagt, dass viele meiner Jünger übergelaufen sind und somit mit dilettantischen aber gefährlichen Versuchen, die mit starker Manipulation verbunden sind, in die Ordnung der Natur eingegriffen haben und es immer noch tun.

Den Preis, den ich für meine Mißbilligung der Neuen Menschen zahlen musste, war sehr hoch. Jetzt aber ist die größte Herausforderung für uns alle gekommen, was bedeutet, die göttliche Urschöpfung hier auf Erden zu erhalten und sie zu verteidigen gegen die Ausrottung. Es sind sehr viele von uns hier, die noch blind sind. Sie tragen alle den Lichtcode, aber sie müssen sich schon erinnern und ich bitte euch, meine Geschwister, um Hilfe, die Blinden meiner Truppen zu erleuchten. Ein Großteil von ihnen dient in den Armeen dieser Welt, blind und stolz und glauben etwas Gutes für ihr Vaterland zu tun. Aber die Echsen haben sie manipuliert durch ihr Programm der Gehirnwellenübertragung, ohne dass dazu eine persönliche Genehmigung vorliegt. Das wollte ich nicht, als ich die Kooperation mit den Echsen einging. Ihr, meine wahrhaftigen Geschwister, seid in den Kampf gegen mich gegangen, weil euch suggeriert wurde, in Inkarnationen der geistigen Verblendung und durch die gezielte Illusionsmaschinerie, dass ich euer Feind, der Widersacher Gottes und meines Bruders Jesus Christus sei. Welch ein Trugschluß! So haben wir uns letzten Endes selbst geschwächt. Es ist Zeit zur Umkehr. Ich bin dazu bereit, seid ihr es auch?

Der „Höchste Göttliche Rat" hat uns jetzt zur Aufgabe gesetzt, die Suppe auszulöffeln, die wir uns eingebrockt haben. Unsere Lichtgeschwister sind nur aus reiner Gnade und Liebe noch hier unter uns. Darüber sollten sich alle von uns bewusst sein.

Ariele:

Wir müssen uns um eine gemeinsame Vorgehensweise bemühen. Was schlägst du jetzt vor?

Morgenstern:

Lasst uns alle, die an dem Geschehen Erde/Mensch beteiligt waren, gemeinsame Aufklärung betreiben. Da nicht Gott selbst, wie es falsch geschrieben steht, diesen Kreuzungsmenschen erschaffen hat, sondern die Abtrünnigen, haben diese auch einen besonders großen Anteil daran zu tragen, hier Verantwortung zu übernehmen. Die Abtrünnigen hatten aber auch die Chance, direkt in einen Kreuzungskörper zu gehen. Das taten aber nur diejenigen die an einer Bewusstseinsweiterentwicklung hin zum göttlichen Lichtcode interessiert waren. Genauso hielten es geistige Geschwister aus den Lichtreichen. Auch sie übernahmen die Körper von Kreuzungen, um sie und durch sie auch ihre Geschwister dahingehend zu fördern, sich im Sinne der bedingungslosen Liebe entwickeln zu können.

Es mangelte also nicht an Helfern. Viele der einstigen Entwicklungshelfer aus den Reihen der Abtrünnigen gingen ebenso wie viele meiner ursprünglichen Gefolgsleute zurück ins Lichtreich und sie waren später zu einem Gegengewicht gegen meine Absichten geworden. Alle meine Lichtgeschwister, die sich in Kreuzungskörper inkarnierten, haben dadurch immens dazu beigetragen, dass sich viele der Neuen Menschen im Sinne der göttlichen Schöpfung entwickelt haben. Dies musste auch ich anerkennen und habe es akzeptiert. Diejenigen sind trotz meiner Versuchungen in ihrem Bewusstsein aufgestiegen und waren von da an für mich unantastbar. Jene haben sich dann wieder verkörpert und sind so immer weiter vorangeschritten in ihrem geistigen Bewusstsein und sie unterrichteten dann ihre Geschwister auf Erden in ihrem Sinne. Sie kamen immer wieder unermüdlich auf die Erde, um diese Entwicklungsarbeit fortzusetzen. Sie besitzen meine Hochachtung. Leider ist die Masse der Menschen immer noch schwach und anfällig für die Einflüsterungen und die Manipulation der Meister der vorsätzlichen Täuschung ohne jeglichen Skrupel. Jene sind selbst mir zu uninteressant und sie stellen keine Herausforderung für mich dar. Aber alle, von denen ich weiß, dass sie einen besonders stark entwickelten Lichtcodekern in sich tragen, trainiere ich intensiv. Und wenn sie meinen Versuchungen widerstehen, lasse ich sie ziehen und versuche sie nicht mehr.

Wir werden ihre falschen Götter vom Thron stürzen und sie werden entblößt sein. Und wenn ihre Macht gebrochen ist, werden diejenigen, die in weltlichen Machtpositionen sind, erkennen und sich wieder ihren Aufgaben und ihrer Verantwortung im Sinne der Verwirklichung des freien Willens und der Wahrheit erinnern. Diejenigen von ihnen, die das nicht schaffen, werden nicht mehr an der Macht sein können. Ich werde ihnen das Kreuz, an das sie meinen Bruder, der von den Menschen Jesus Christus genannt wird, und mich gebunden haben, entreißen. Ich werde ihre giftigen Zungen entfernen, auf das sie kein Gift mehr speien können.

Ich danke dir, dass du den Mut hast, für mich zu sprechen!

Friede sei zwischen uns und zwischen mir und meinen Geschwistern und ich bin bereit, diejenigen zu akzeptieren, die sich im Sinne des Lichtcodes entwickelt haben, auch wenn sie Terra-Menschen oder gar Echsen sind!

MORGENSTERN

✦

Ariele´s Abschlußworte:

Nun, da ich zum Ende komme, übergebe ich euch eine abschließende Zusammenfassung:

Ihr kennt jetzt die wahren Drahtzieher hinter all dem Leid das auf dieser Erde lastet. Es sind die „Grausamen“, die insgeheim die „Elite“ dieser Erde leiten. Auch sie besitzen eine Seele, aber es ist eine Energie aus ihrer dunklen Ebene, verbunden mit ihren eigenen Gesetzen. Ihr könnt es euch aber leicht vorstellen, welcher Art diese Gesetze sein können. Darauf möchte ich nicht näher eingehen. Das ist nicht mein Part. Mir geht es um alle Brüder und Schwestern aus unseren Ebenen. Doch wenn eine von uns sich auf den dunklen Pfad begibt, und es ihr Wille ist, auch dort sein zu wollen und sie sich dort wohl fühlt, kappen wir jetzt das Band, das zwischen uns und ihr besteht. Auch das ist unser freier Wille, der hier zum Tragen kommt und es ist ihr freier Wille ebenso.

Alle Menschen, die sich freiwillig für die andere Ebene entschieden haben, gehen gezielt gegen die göttliche Schöpfung auf dieser Erde vor. Ihre Handlanger in jeder Gesellschaftsschicht aber glauben an ihre Gesetze und unterstellen sich diesen und sie glauben an die ihnen vorgegebenen Gründe um zu handeln. Das sind die Unwisssenden, die Betrogenen und dazu gehört die Mehrheit der Menschen.

Die selbsternannte Elite-Mitglieder dieser Welt glauben immer noch, sie seien die Herrenrasse und allein sie wären die wahren Herrscher auf dieser Erde. Sie werden in ihrem Glauben bestätigt von den Grausamen, die sich wiederum darüber amüsieren, wie dumm doch auch diese sind. Das ist wie ein Königshof anzusehen der alten Art. Ganz oben steht der König und ihm dient direkt sein Hofstaat, seine Höflinge und dieser wiederum dirigieren das Volk. Dieser König lässt seine Höflinge und deren Günstlinge glauben, dass es ihn wirklich interessiert und er sich auch dafür einsetzt, dass deren Wünsche und Bedürfnisse erfüllt werden. Die Höflinge wollen Macht und Geld. Das erhalten sie auch. So ist der Schein gewahrt. Und sie wollen ihre bereits genmanipulierte neue Herrenrasse weiter züchten, um den einfachen Menschen möglichst ganz auszurotten. Sie beten die wahren Meister der Manipulation geradezu an, weil sie sehen, welche Macht da im Spiel ist und wie damit die Massen zu ihren Gunsten beeinflußt werden und vor allem, wie gut es funktioniert. Sie selbst aber sind es, die auch hier benutzt und betrogen werden. Wen wundert das noch? *Das Gesetz des Ausgleichs und der Wahre Wille kommen auch hier zum Tragen.* Viele haben ihre Seelen vergessen und bereits Anteile der dunklen Macht in sich aufgenommen.

Sie beten die Gottheit der Grausamen, deren obersten Drachengott an. Wir sprechen seinen Namen nicht aus, um ihm keine Macht zu geben. Er will, dass ihm diese Erde als Opfer übergeben wird, denn er ist ein Gott, der Opfer verlangt. Er kann Realitäten vortäuschen, die nicht wahrhaftig sind.

Die Höflinge erkennen nicht, was sein wahres Gesicht ist. Sie glauben, das sie mit ihrer neuen Rasse die Erde bevölkern können, aber dem ist nicht so. Er selbst will mit seinen wahren Untertanen die Erde knechten, doch das kann er nicht mit Gewalt und Außerachtlassung des Freien Willens tun. Deshalb wird gezielte Täuschung angewandt in allen Bereichen des Lebens. Er ist der Herrscher der Schattenreiche und nicht der Lichtreiche. Diese Erde ist aber ein Planet, den einst die „Uralten“ belebt haben, also die Gebieter der Lichtreiche. Das Universum hingegen besteht selbst aus Licht und Dunkelheit. Nur alles hat dort seinen Platz. Also wird es zu einem Licht- und einem Schattenreich der Erde kommen. Die Grausamen sind die Herrscher der Schattenreiche und die Uralten sind die Herrscher der Lichtreiche.

- Heil, Liebe und Frieden allen Menschen und Wesen -

ARIELE

Die persönliche Widmung von Renate Schmid:

„Das einzig Göttliche im Menschen ist die Liebe"

Große kosmische Mutter, aus deinem Schoß heraus wurde alles Leben erschaffen.

Du bist der mütterliche/weibliche Anteil unseres Allmächtigen Schöpfergeistes der All-Einheit.

Du hast viele Namen und du wandelst hier auf Erden in den Menschen, den Tieren und allen sichtbaren und unsichtbaren Wesen.

Du lebst überall in der Natur und dein Mitgefühl gilt all deinen Geschöpfen gleichermaßen.

Als deine Tochter erweise ich dir tiefste Ehrerbietung und ich will dabei sein, wenn deine liebende Präsenz wieder auf dieser Erde die alleinige Macht sein wird.

Christoph / Bildzeichnung: Das Friedenszeichen

Weitere Angebote von „Die Weltenlehrer"
www.weltenlehrer.de

Der 13.Schlüssel - Die Transformation

Der „13. Schlüssel" - Das persönliche Vermächtnis von Maria Magdalena und Jesus Christus" ist ein machtvoller Schlüssel zur spirituellen Erleuchtung, den Jesus Christus einst Maria Magdalena aus Liebe übergeben hat. Da diese Schrift ursprünglich von einem der größten Weisheitslehrer der Menschheit, Jesus Christus verfasst wurde, ist der „13. Schlüssel" bereits selbst ein Werkzeug der Transformation. Jesus Christus gibt mit seinen persönlichen Worten die verloren geglaubte Hoffnung, neue Werte und Zukunftsvisionen weiter, sowie seine Liebe und Freude. Seine Worte und die seiner Frau Maria Magdalena, die mit ihm zusammen gelebt und gelehrt hat, wurden gezielt der Öffentlichkeit über dieses Buch von Renate Schmid frei zugänglich gemacht. Ist diese Zeit reif für ihre Botschaft? *Nichts bleibt mehr verborgen!*

Spirituelle Engel und Kunstbilder

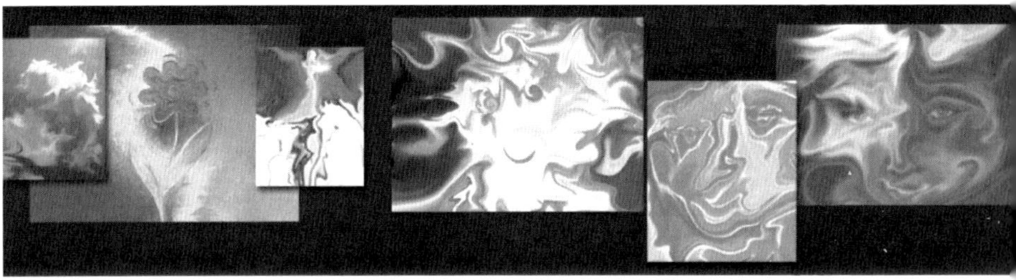

Transformative Besprecher CD´s

Aus der Reihe „Recall" - Erinnerung an dein Höheres Selbst -

Auflösung der inneren Ängste

Neustrukturierung der Gemüts- und Körperzellen

Freisetzung der Selbstheilungsenergien

Orgon - Energien des Lebens

Die Orgonit Generatoren haben in den folgenden Schwerpunkten eine unterstützende Wirkung:

- Stärkung des Immunsystems und somit Aktivierung der Selbstheilungskräfte
- Förderung des Wachstums und der Gesundheit von Pflanzen!
- Energetisierung von Wasser und Lebensmitteln!
- Milderung bei Burn Out Syndrom und Depressivität!
- Förderung des Bewusstseins!
- Abbau und Auflösung von negativen Umwelteinflüssen, wie z. B. Elektro-Smog als auch schädlichen Substanzen in der Luft.

Orgon Pyramiden

Orgon Hausset

Orgonit Cloudbuster/Chembuster - Die Königsklasse

Typische Effekte vom Orgonit Cloudbuster/Chembuster

- Spürbare Verbesserung des ätherischen Energiefeldes mit sehr positiven seelischen, geistigen und gesundheitlichen Auswirkungen.
- Erhöhte Tierfruchtbarkeit und -Gesundheit
- Vermehrtes Pflanzenwachstum
- Regenfall in Trockengebieten
- Reduzierte Umweltverschmutzung